Karl Fischer

Die Fütterung der Kühe als Grundlage der rationellen Rindviehzucht

Karl Fischer

Die Fütterung der Kühe als Grundlage der rationellen Rindviehzucht

ISBN/EAN: 9783743308763

Hergestellt in Europa, USA, Kanada, Australien, Japan

Cover: Foto ©Lupo / pixelio.de

Manufactured and distributed by brebook publishing software (www.brebook.com)

Karl Fischer

Die Fütterung der Kühe als Grundlage der rationellen Rindviehzucht

Die Fütterung der Kühe

als

Grundlage der rationellen Rindviehzucht.

Von

Karl Fischer,

Pfarrer in Kaaden in Böhmen, Mitglied mehrer landw. und anderer Gesellschaften.

Mit sechs in den Text eingedruckten Abbildungen.

Preis 15 Sgr. oder 54 Kr. rhein.

Leipzig,
Reichenbach'sche Buchhandlung.
1860.

Vorwort.

Wenn die Viehzucht im Allgemeinen und die Rindviehzucht insbesondere der wichtigste Hebel einer jeden Wirthschaft ist, so muß es offenbar das Bestreben des Landwirths sein, diesen Hebel in einem solchen Zustande zu erhalten, daß er fortwährend seine Kraft und Wirkung zu äußern im Stande ist. Leider aber gibt es nur zu viele Landwirthe, welche die Wichtigkeit der Viehzucht und insbesondere der Rindviehzucht theils noch gar nicht erkannt haben, theils nicht erkennen wollen, und insbesondere sind es eine große Anzahl der kleineren, bez. der bäuerlichen Landwirthe, welche, von der Voraussetzung ausgehend, die Viehzucht und somit auch die Rindviehzucht sei ein nothwendiges Uebel, oder auch gar nicht denkend, vielmehr im alten Schlendrian fortlebend und fortwirthschaftend, dieselbe in einer Weise betreiben, auf der sie zum nothwendigen Uebel werden muß. Am deutlichsten zeigt sich dies, um bei der Rindviehzucht stehen zu bleiben, bei der Fütterung der Kühe. Zwar sind wohl Alle darin einig, daß sie von der Kuh viele und gute Milch, daß sie daneben auch ein schönes Kalb, ingleichen vielen und guten Dünger wollen, — daß sie aber alles dies nicht erreichen können, wenn sie der Kuh weder hinreichendes, noch kraftvolles, noch gedeihliches und wohl zubereitetes Futter vorlegen, daß die Kuh nichts oder nichts Erkleckliches hervorbringen könne, wenn sie durch das ihr dargereichte Futter kaum ihren eigenen Leib zu erhalten im Stande ist, das bedenken und wissen die Meisten nicht, oder es ist ihnen bequemer und alter Gewohnheit entsprechend, daran nicht zu denken. In keinem Punkte wird wohl mehr gesündigt als in und bei der Fütterung der Kühe, und gleichwohl muß man dieselbe als die Grundlage der rationellen Rindviehzucht betrachten. Hier gibt es noch viel zu kämpfen gegen Unwissenheit, Thorheit, Vorurtheil und Schlendrian. Um nun auch seinerseits mitzuwirken an diesem Kampfe, hat der Verfasser in den nachfolgenden Bogen die Grundsätze einer gedeihlichen, vernunftgemäßen Fütterung der Kühe in, wie er hofft, allgemein faßlicher Weise darzustellen sich bemüht; er hat sich insbesondere die Aufgabe gesetzt, unter steter Hinweisung auf den Naturstand die vielen Fehler, die im Culturstande bei der Fütterung der Kühe begangen werden, aufzudecken und sie vermeiden zu lehren, und wenn er hierbei zwar den Grundsätzen der Wissenschaft thunlichst Rechnung getragen zu haben glaubt, so bewegte er sich doch hauptsächlich auf dem praktischen Standpunkte und von diesem aus, und hier stand ihm eine langjährige Erfahrung zur Seite. Aus der Praxis für die Praxis! das ist der Wahlspruch, den sein Schriftchen trägt. Möchte es von der Wissenschaft nicht als unwissenschaftlich, von der Praxis aber als praktisch befunden werden!

S. 95 Z. 3 u. 6. v. o., S. 96 Z. 15 v. o., S. 99 Z. 1. v. o. soll es heißen 3$\frac{1}{3}$ statt 3$\frac{1}{2}$, was zu berichtigen gebeten wird.

Im Frühjahr 1860.

Inhalt.

                                                             Seite

1. Pflichten gegen die Thiere 1
2. Vorzüglichste Pflicht gegen die Thiere 10
3. Läßt sich das Interesse der Landwirthschaft mit dieser Pflicht vereinigen? 13
4. Das Thier im Natur- und Culturstande 15
5. Was wünschen wir von der Kuh zu erhalten? 19
6. Wie und wodurch producirt die Kuh? 20
7. Wann wird die Kuh den höchst-möglichen Nutzen geben? . 22
8. Das Volumen und der Inhalt oder die Kraft des Futters 24
9. Das Heu 25
10. Bestimmung, wie viel eine Kuh auf 100 Pfund lebenden Gewichts an Heu braucht 26
11. Erhaltungs-, Lebens- oder Conservationsfutter 27
12. Produktionsfutter, und wie viel die Kuh davon produzirt . 28
13. Butter- und Käse-Produktion 30
14. Allmählige Abnahme der Milch nach der Geburt des Kalbes 33
15. Tränken der Kühe 35
16. Salz 40
17. Heuwerth 47
18. Heuwerth der verschiedenen Futterstoffe 48
19. Futteräquivalente 49
20. Nähere Verständigung über Futteräquivalente 51
21. Nothwendigkeit der Zusammensetzung der Futterportion aus verschiedenen Futterstoffen 54
22. Regeln bei der Zusammensetzung der Futterportionen . . 56
23. Vortheile der Zusammensetzung des Futters 70

	Seite
24. Eine andere Weise zu füttern, welche die Stelle des gemischten und zusammengesetzten Futters vertritt und zum Theil die Vortheile derselben gewährt	73
25. Regeln bei der Fütterung	74
26. Die für den Stall vortheilhafte Temperatur	84
27. Gründe, welche es höchst wünschenswerth machen, daß man das für ein Stück Vieh nothwendige Futter sammt den Futteräquivalenten wisse	89
28. Wie oft soll täglich gefüttert werden?	93
29. Wie verhält sich das Erhaltungsfutter zu dem Produktionsfutter, wenn man der Kuh im Ganzen nicht volle $3\frac{1}{3}$ Pfd. Heuwerth auf 100 Pfund lebenden Gewichts geben kann?	95
30. Wie stellt man es an, daß man selbst bei Futterstoffen von geringerem Werthe und bei weniger Futter als $3\frac{1}{3}$ Pfund Heuwerth auf 100 Pfd. lebenden Gewichts das Vieh dennoch in einem guten Zustande erhält?	96
31. Kann eine Kuh mehr als $3\frac{1}{3}$ Pfd. Heuwerth auf 100 Pfund lebenden Gewichts täglich verzehren?	99
32. Beispiele von Fütterungen und Milcherträgnissen	99
33. Einfluß des Futters auf die Quantität und Qualität der Milch	106
34. Einfluß gehaltloser und kräftig nährender Futterstoffe auf das Thier und seine Produkte	112
35. Wer handelt klüger, wer reichlich oder wer karg füttert?	113
36. Auf welche Weise man sich Kenntnisse in Hinsicht des Gewichtes der Thiere verschaffen kann?	119

1. Pflichten des Menschen gegen die Thiere.

Daß der Mensch auch gegen die Thiere gewisse Pflichten habe, wissen nur Wenige; die Wenigsten aber kennen den Grund dieser Pflichten.

Die Pflichten gegen die Thiere gehen vorzugsweise den Landwirth an, welcher als solcher zugleich Viehzucht treibt, obwohl diese bei sehr vielen Landwirthen nur eine bloße Viehhaltung zu nennen ist wegen der in diesem Fache noch herrschenden Nachlässigkeit und Unwissenheit. Das Kapitel von den Pflichten des Menschen gegen die Thiere ist wohl in allen Moraltheorien am kürzesten und leichtfertigsten abgehandelt worden, und es wäre an der Zeit, dieses Kapitel mehr zu erweitern und auf festere Füße zu stellen. Die alte Gesetzgebung der Juden hatte in dieser Beziehung am meisten gethan und dient in vielen Punkten auch uns noch zum Muster, wenn auch nicht in den einzelnen Gesetzen, sondern dem Geiste derselben nach.

Obwohl alle Pflichten des Menschen gegen die Thiere ihren letzten Grund in der vernünftigen Natur desselben haben, so unterscheiden sie sich doch dadurch von einander, daß einige dieser Pflichten mehr in der vernünftigen Natur des Menschen, andere mehr in der Berechtigung der Thiere, noch andere in der Beförderung des besondern und allgemeinen Wohles der Menschen ihre nähere Begründung finden.

Der Mensch verleugnet seine Vernunft und schändet dadurch seine höchste Würde, wenn er vernunftwidrig handelt.

Vernunftwidrig aber handelt der Mensch gegen die Thiere, wenn er sie leiden läßt, ohne einen nützlichen, vernünftigen Zweck dadurch zu erreichen, wenn er sie als Mittel zur Erreichung gewisser Zwecke nicht nach Verhältniß gebraucht, wenn er die Thiere so behandelt, daß sie den Zweck ihres Daseins und ihrer Haltung entweder gar nicht oder nur höchst unvollkommen erfüllen können. Hierher gehören z. B. alle übertriebenen Forderungen, das Hungernlassen, gefährliche Strafen und alle Mißhandlungen.

Das Thier hat schon im Naturstande gewisse Berechtigungen, weil es sein Leben und seine Natur nicht von dem Menschen, sondern von höherer Seite empfangen hat, weil es in das Ganze des Universums als ein nützliches, ja nothwendiges Glied eingereiht und deswegen auch auf diese Erde gesetzt worden ist mit den nothwendigen Mitteln zur Fristung seines Daseins und zur Erreichung der Zwecke desselben.

Dem steht nicht entgegen, daß das Thier dem Range nach unter dem Menschen steht, daß das Thier als Mittel für den Menschen zur Befriedigung seiner Bedürfnisse nützliche Dienste leistet, ja, daß viele Thiere wegen ihrer mittelbaren oder unmittelbaren Gefährlichkeit für den Menschen ausgerottet werden müssen. In letzterer Hinsicht müssen wir aber bemerken, daß der Mensch oft nur die für ihn schädlichen Wirkungen mancher Thiere wahrnimmt, weil sie seinen Augen nahe liegen, und sie gewöhnlich sehr überschätzt, aber die bei Weitem überwiegenden nützlichen Dienste in seiner Kurzsichtigkeit übersieht und dadurch ungerecht wird in seinem Urtheile über die Thiere und noch mehr in seiner Behandlung derselben. Man hat erfahrungsgemäß durch Verfolgung und Ausrottung mancher Thiere, wozu oft nur bloßer Muthwille trieb, schon mehr geschadet, als genützt. Die in ihrer Anzahl sehr beschränkten und ausgerotteten Thiere hatten früher die Vermehrung anderer schädlicher Thiere in gehörigen Schranten und in einem gewissen Gleichgewicht gehalten. Nun traten aber letztere in Unzahl auf und wurden zur Geißel ganzer Gegenden, und dieses um so mehr, da diese Thiere von einer solchen Beschaffenheit waren, daß der Mensch entweder gar keinen oder nur einen mit großen Unkosten verbundenen Vertilgungskrieg unternehmen konnte.

Die Berechtigung der Thiere wächst um so mehr, je mehr der Mensch seines Nutzens wegen sie der Freiheit beraubt, aus ihrem Naturstande herausreißt, in seinem Haushalte zu leben und ihm auf eine Weise zu dienen zwingt, an welche das Thier von Natur nicht gewöhnt ist. Der Mensch soll dann für ihre vollständige Sättigung und Ernährung, für ihre Reinlichkeit und Gesundheit 2c. Sorge tragen, und zwar der Art, daß die Thiere im Culturstande nach gewissen Richtungen hin veredelt und vervollkommnet werden. Da der Mensch den Thieren die für sie gewiß sehr angenehme und zuträgliche Freiheit raubt, so soll er ihnen diese Beraubung so viel als möglich erträglich zu machen suchen und ihre Dienstleistungen nicht unnöthiger Weise erschweren. Selbst im Culturzustande sollte, wenn es höhere Zwecke zulassen, die Behandlung der Art sein, daß ihnen die Vortheile des Naturstandes so viel als möglich gestattet werden, z. B. freie Bewegung, frische Luft u. s. w. Entzieht man ihnen diese Vortheile, ohne vernünftige Gründe zu haben, und müssen die Thiere dadurch leiden, so können wir nicht umhin, dieses eine sündhafte Thierquälerei zu nennen.

Die Uebertretung der Pflichten gegen die Thiere wirft nicht nur einen düstern Schatten auf den Menschen, indem derjenige, der ein Thier quält, eben dadurch beurkundet, daß er mit seiner Bildung nicht weit über dem Thiere steht, sondern rächt sich auch jedesmal mit materiellem Schaden sowohl für den Uebertreter selbst, als auch für das allgemeine Beste. Der Schaden, welcher durch eine etwas mehr ausgebreitete

Vernachlässigung der Pflichten gegen die Thiere für eine Gegend, ja für ein ganzes Land entsteht, kann sich jährlich auf Millionen Gulden belaufen.

Die Vernachlässigung der Pflichten gegen die Thiere ist nur zu oft Ursache von so vielen Viehfällen und leider auch von so manchen sich weitausbreitenden Viehseuchen, durch welche oft der Unschuldige durch die Schuld eines Einzigen empfindlichen Schaden leiden muß.

Klagt man in so manchen Ländern über das noch so tiefe Darniederliegen der Viehzucht, so hat daran gewiß einen großen Antheil die vernachlässigte Pflege der Thiere, welche Vernachlässigung man wegen Mangels an Bildung noch nicht als eine Versündigung, als ein Unrecht erkennen gelernt hat. Man ist der irrigen Meinung, daß das Thier gar keine Rechte habe, und daß dagegen der Mensch das Recht habe, das Thier zu behandeln, wie er immer wolle. Man unterschätzt das Thier größtentheils nach seinem Wesen und nach dem Range, welchen es im Universum einnimmt.

Besonders strafwürdig und roh erscheint es, wenn — wie dies so oft geschieht — das Thier auf eine gefährliche Weise durch Schlagen, Stoßen, Prügeln u. s. w. mißhandelt wird. Einer unserer ersten landwirthschaftlichen Schriftsteller sagt in dieser Beziehung folgende ganz wahre Worte: „Das Führen von schweren Peitschen, das Werfen mit Ackerstöcken, das Schlagen der Thiere auf den Kopf und sonstige edle Theile muß überall da wegfallen, wo man selbst besser sein will als ein Stück Vieh. Wenn derjenige, der seine Thiere nur halb sättigt, ihnen doch noch das Leben, obgleich auf eine qualvolle Weise und ohne großen Nutzen erhält, so bringt derjenige, welcher seine Thiere durch Schlagen, Stoßen, Peitschen ꝛc. mißhandelt, die Gesundheit und das Leben derselben in Gefahr, und man hat Beispiele, daß zornige Landwirthe und Knechte ihr Zugvieh so lange und so arg mißhandelten, bis es zur Erde fiel. Diese Mißhandlungen sind um so verdammungswürdiger, da sich gewöhnlich die rohesten Fluchworte und ein wüthender Zorn dazu gesellen. Das Thier zittert vor Furcht, wenn es seinen Wärter nur von Weitem erblickt. So ist kein Gedeihen der Thiere zu erwarten."

Dieselbe Censur der Thierquälerei verdient die Vernachlässigung der Reinhaltung der Thiere. Im Naturstande kann sich das Thier selbst reinigen, und die Natur unterstützt es in dieser Hinsicht. Im Naturstande wird das Thier auch begreiflicher Weise weniger verunreinigt; daher sehen wir auch alle Thiere im Naturstande äußerst reinlich, und wir müssen annehmen, daß ihnen diese Reinlichkeit lieb und gedeihlich sei. Nimmt der Mensch die Thiere in den Culturstand und unter seine Hand, wo ihnen die Möglichkeit sich selbst zu reinigen benommen ist, sie also dagegen um so mehr in die Lage versetzt werden, sich stark zu verunreinigen, so muß der Mensch die Reinhaltung der Thiere als Pflicht auf sich nehmen, deren Unterlassung ihn zum Thierquäler stempelt. Wenn die Verunreinigung nicht nur auf unmittelbare Weise die Gesundheit der Thiere angreift, sondern auch eine fruchtbare Mutter von Ungeziefer ist, welches das Thier Tag und Nacht beunruhigt und seine besten Säfte und Kräfte aufzehrt, bis das Thier, ganz abgemagert und abgenagt, kaum mehr stehen, aber eben so wenig ruhig liegen kann und wahrhaft bis zum Tode gegeißelt wird, so bitten wir zu entscheiden, ob dies nicht eine Thierquälerei im rechten Sinne ist, und fragen, wer eigentlich der Thierquäler sei, das Ungeziefer oder der Mensch, welcher dem Ungeziefer die Mißhandlungen des Thieres gewähren läßt.

Besuchen wir die Ställe der Hausthiere, so finden wir hier nicht gar selten mehre Arten von Thierquälereien vereinigt. Der Stall ist für die vielen magern Thiere zu klein; während die eine Hälfte liegt und ruht, muß die andere Hälfte stehen. Die liegenden Thiere haben es nicht viel bequemer als die stehenden; denn sie liegen auf einem unebenen, holperigen Pflaster und haben keine andere Streu als ihre Auswürfe. Eine ägyptische Finsterniß herrscht Jahr aus Jahr ein im Stalle, so daß den Thieren das freundliche Sonnenlicht mehr wehe als wohl thut, wenn sie ja einmal den Stall verlassen. In manchen Ställen ist bald die Hitze so groß, daß die armen Thiere fast ersticken, bald die Kälte so stark, daß die Thiere zittern, als hätten sie das Fieber. Mit aller Sorgfalt entzieht und sperrt man die erfrischende, zum Athmen so nothwendige atmosphärische Luft ab, als hätte man die Absicht, die Thiere zu ersticken oder zu verpesten. Soll aber der gesunde Zustand des Körpers bei dem Thiere erhalten werden, so ist gute und gesunde Luft ein Haupterforderniß. Man bemerkt zwar den Einfluß, den die gute oder schlechte Beschaffenheit der Luft auf den Gesundheitszustand der Thiere auszuüben vermag, in vielen Fällen nicht so deutlich, da er sich mehr durch ein allgemeines Uebelbefinden zu erkennen gibt; gerade diese schleichenden Feinde der Gesundheit aber sind die gefährlichsten. Um den Werth, welchen eine reine Luft für die Gesundheit der Thiere hat, recht zu würdigen, muß man sich die Bestimmung vergegenwärtigen, die derselben bei dem Lebensprozesse zugetheilt ist. In dem Körper der höheren Thierklassen, zu denen unsere wichtigsten Hausthiere gehören, ist bekanntlich zweierlei Blut enthalten, hellrothes oder Arterienblut und dunkelrothes oder Venenblut. So lange das Leben währt, ist das Blut in steter Bewegung und in steter Veränderung begriffen. Von dem Herzen aus strömt das hellrothe Blut durch die mehr innerlich liegenden Pulsadern oder Arterien in alle Theile des Körpers; von diesen kehrt es dunkler gefärbt durch die mehr äußerlich liegenden Drosseladern der Venen wieder zum Herzen zurück. Ehe es aber seinen Kreislauf von Neuem beginnt, wird es durch die Lungen getrieben, in denen es mit der eingeathmeten Luft in innige Berührung kommt und durch diese eine höchst auffallende Veränderung erleidet. Während der Berührung mit der Luft verwandelt sich nämlich das dunkle Venenblut wieder in hellrothes Arterienblut, und dieses geht nun wieder zum Herzen und von da in die Arterien. Man kann die erwähnte, durch die Luft bewirkte Veränderung des Blutes als einen gleichzeitigen Reinigungs- und Belebungsproceß ansehen. Während das Blut aus den verschiedenen Körpertheilen durch die Venen zurückkehrt, nimmt es auf seinem Wege eine Luftart auf, die sich unaufhörlich in dem Körper erzeugt, von diesem aber nicht weiter verarbeitet werden kann; diese Luftart heißt Kohlensäure; es ist dieselbe Luft, welche sich in großer Menge aus der gährenden Bierwürze oder Branntweinmaische entwickelt und das Schäumen des Flaschenbiers und Champagners hervorbringt. In der Lunge gibt das Blut diese Kohlensäure ab, und wir athmen sie aus. Das ist es, was wir den Reinigungsproceß nannten. Der Belebungsproceß besteht darin, daß es statt der abgegebenen Kohlensäure Sauerstoff aus der atmosphärischen Luft aufnimmt. Was wir im gewöhnlichen Leben Luft nennen, ist ein Gemenge von zwei verschiedenen Luftarten, von Sauerstoff (Lebensluft) und von Stickstoff, und zwar enthalten 100 Kannen Luft 20 Kannen Sauerstoff und 70 Kannen Stickstoff; der letztere erfährt beim Athmen keine Veränderung. Die Veränderung des Blutes durch den Athmungsproceß ist daher folgende: Das dunkle Venenblut gibt Kohlensäure ab und nimmt Sauerstoff auf und wird dadurch zu hellrothem Arterienblute; die der Luft aber: sie verliert einen Theil ihres freien Sauerstoffs und empfängt dafür Kohlensäure, außerdem auch noch Wasserdunst. Wird der gedachte Wechsel des Blutes durch irgend eine Veranlassung, z. B. durch Mangel an Luft oder durch Mangel an Sauerstoff in der eingeathmeten Luft, nur auf wenige Augenblicke verhindert, so tritt Erstickung ein; wird er nur gehemmt oder verlangsamt, so kann das Leben zwar noch fortdauern, aber es stellt sich Uebelbefinden, beschwerliches Athmen ꝛc. ein. Der letztere Fall mindestens muß immer da eintreten, wo Thiere in geschlossenen Räumen athmen, deren Luft nicht erneuert wird; denn auf der einen Seite wird die Luft mit jedem Athemzuge ärmer an Sauerstoff, auf der andern reicher an Kohlensäure, einer Luftart, welche keinen freien Sauerstoff enthält und das Leben nicht unterhalten kann, sondern, in größerer Menge eingeathmet, betäubend wirkt.

Die schuldloseste und unschädlichste Weise die Thiere zu behandeln scheint die zu sein, wenn man sie aus bloßem Muthwillen oder nur der Unterhaltung wegen neckt. Nur sehr Wenige werden dies für eine Thierquälerei halten; betrachtet man aber die Folgen davon, besonders bei noch jungen Thieren, welche sehr reizbar und bildsam sind, so werden wir keinen Augenblick daran zweifeln, dieses Necken eine Thierquälerei zu nennen. Wenn das Thier beim Necken auch nicht immer Schmerzen am Körper empfindet, so wird es doch leicht zum Zorn gereizt, nimmt böse Gewohnheiten an, wird leicht verdorben, bösartig und heimtückisch. In sehr seltenen Fällen neigt sich das Thier von selbst zur Bösartigkeit; fast immer ist die Behandlung von Seite des Menschen daran Schuld.

Durch derartige Behandlungen verdirbt man in der Viehzucht ungemein viel, während man durch die entgegengesetzte Behandlung Erfolge erzielen kann, die an das Unglaubliche grenzen. Der Mensch soll immer der Herr seiner Hausthiere sein; aber er soll seine Herrschaft über die Thiere mit Liebe, Wohlwollen, Sanftmuth, ja sogar mit Schmeicheleien paaren. Dadurch gewinnt man die ganze Zuneigung der Thiere, welche sie oft auf die sonderbarste Weise zu äußern pflegen. Das ist der Fehler der meisten Landwirthe, daß sie die Anlagen der Thiere unterschätzen und von Thierseele nichts wissen wollen. Durch eine liebevolle Behandlung und Pflege wird das Thier zahmer, verständiger, gelehriger, lenksamer, heiterer, es gedeiht besser ꝛc. In Arabien, wo bekanntlich die vollkommensten Pferde gezogen werden, ist das Pferd nicht der Diener, sondern der Freund seines Herrn, und letzterer würde sich lieber Alles versagen, als seinem Rosse die kleinste Unbill widerfahren lassen; dafür versteht dasselbe auch sein leisestes Zeichen, horcht auf sein Wort und entfernt sich auch unangebunden niemals aus der Nähe seines Gebieters. In der Schweiz behandeln die Sennen ihre Kühe mit der größten Liebe, putzen und schmücken sie, wie sie nur können, belohnen sie nach dem Melken mit Salz, geben jeder Kuh einen Namen und unterhalten sich oft stundenlang blos mit ihren Thieren. Dafür findet man aber auch nirgends in der Welt schönere und bessere Kühe als in der Schweiz. Ebenso ist es Thatsache, daß überall da, wo die Thiere aus Rohheit und Unwissenheit schlecht behandelt werden, auch nur schlechte Racen und Schläge zu finden sind. Die wünschenswertheste Eigenschaft eines Thieres ist seine völlige Zahmheit, die es zu jedem Gebrauche geeignet und willig macht; diese kann ihm aber nur durch eine menschliche, verständige Behandlung eingeimpft werden. Von Jugend auf also ist das Thier mit Sanftmuth und Gelassenheit anzuleiten und darf nur gestraft werden, wenn es dies wirklich verdient, aber auch dann nie unmenschlich und schadenbringend.

Die Bildung des Menschen spiegelt sich auch in der Behandlung der Thiere ab. Wie der Mensch, so sein Haus, sein Hof, sein Garten, sein Feld, sein Thier. Wo die Liebe das veredelnde und treibende Element des Herzens ist, da wird dieselbe auch in die Behandlung der Thiere mit ein- und überfließen; aber ohne Bildung des Verstandes ist die Liebe blind und kann zur Affenliebe werden. Nicht ohne be-

sondere Winke für uns sind die ersten Worte der Schöpfungs=
geschichte: „Es werde Licht." Licht muß es auch werden in
der Viehzucht, wenn es mit ihr besser werden soll. Die Vieh=
zucht ist auch zum Theil eine Schöpfung, eine Veredlung der
Thiere durch die Kunst und den Fleiß des Menschen, um sie
für seine Zwecke brauchbarer und nützlicher zu machen. Da=
her soll auch das Licht, die Aufklärung des Verstandes, wenn
nicht der Bildung des Herzens voraus=, so doch zur Seite
gehen.

Im Nachfolgenden wollen wir deswegen einige Aufklärun=
gen über die Behandlung der Kühe zu geben versuchen. Wir
werden hierbei die Sorge für zweckmäßige Wohnungen, für
Reinlichkeit, Gesundheit u. s. w. der Thiere übergehen oder
nur hier und dort etwas davon berühren, wo sich die Ge=
legenheit dazu darbietet. Der Hauptgegenstand der nachfol=
genden Abhandlung soll nur die Fütterung der Kühe sein, als
gegen welchen Punkt noch am meisten gesündigt wird.

2. Vorzüglichste Pflicht des Landwirthes gegen die Thiere.

Die Zahl der Landwirthe ist nicht gar so gering, welche
ihren Thieren gar strenge Fasttage mit echten magern Fasten=
speisen von Stroh nicht etwa 40 Tage, sondern durch ihr
ganzes Leben auferlegen, als wären die armen Thiere die
größten Sünder, die immerwährend Buße thun müssen.
Sehr viele Landwirthe legen ihren Thieren dergleichen strenge
Fasttage auf, weil sie von der Meinung befangen sind, die
Viehzucht sei ein nothwendiges Uebel; aber indem sie durch
die strengen Fasttage das Uebel verringern wollen, kommen

sie aus dem Regen in die Traufe und machen das angebliche Uebel nur noch schlimmer.

Diese Fasttage der Thiere sind gewöhnlich auch von den Lamentationen derselben begleitet, und wir dürfen nur auf diese Lamentationen hinweisen, wenn wir solche Landwirthe, welche ihr Vieh reichlich mit strengen Fasttagen versehen, als unaufhörliche Thierquäler bezeichnen, die sich noch dazu am meisten selbst schaden; denn sie bringen durch das karge und schlechte Füttern ihre Thiere tief unter den Naturstand herab, und anstatt die Gabe der Natur zu pflegen und zu veredeln, verderben sie vielmehr ihre Thiere und bringen sie in eine solche Lage, welche eine wahrhaft jammervolle ist, daher solche Landwirthe nicht Viehzüchter zu nennen, sondern Viehverderber zu schelten sind.

Kein Vernünftiger wird bezweifeln, daß es eine der vorzüglichsten, ja die vorzüglichste Pflicht des Landwirthes, welche ihm seine Vernunft gebietet, ist, daß er sein Vieh nicht hungern lasse.

Der Schmerz des Hungers ist wohl einer der größten. Jeder hat in seinem Leben diesen Schmerz schon ein- oder mehre Mal empfunden und erfahren, wie er alle Kraft aufzehrt und jede Lust zur Arbeit raubt.

Das gemeine Sprüchwort sagt zwar, man solle Thiere und Menschen nicht zusammen rechnen; allein im Punkte des Hungers werden wir kein Unrecht gegen die Würde des Menschen begehen und uns etwa eine Ueberschätzung des Thieres zu Schulden kommen lassen, wenn wir obige Vergleichung anstellen, zumal Ernährung, so wie Hunger auch am Menschen thierische Zustände sind.

Wie der Mensch, so hat auch das Thier das Bedürfniß und das Recht, sich vollständig zu sättigen und zu ernähren. Dieses Bedürfniß wird um so eher und um so mehr rege, je mehr das Thier leisten oder seine Kräfte anstrengen soll, und muß von Seite des Menschen um so mehr befriedigt werden, je mehr und Besseres ihm das Thier produciren soll.

Bei einem gesunden Thiere, welches uns stets etwas leisten soll, sind sogenannte Fasttage sehr übel angebracht, und können dem Menschen, wenn er sie dem Thiere auferlegt, nur als Verbrechen der Thierquälerei angerechnet werden. Für das Thier haben dergleichen Fasttage weder Verdienst noch Nutzen; Schaden und Schande bringen sie aber sicherlich dem Menschen.

Es wird also die erste Pflicht des Menschen sein, seine **Hausthiere genügend zu sättigen und zu ernähren.**

Die Ausdrücke, genügend sättigen und ernähren, bedürfen einer etwas weitern Erklärung, die wir aber vor der Hand nur ganz kurz geben wollen, indem später eine umständlichere Auseinandersetzung folgen wird.

Das Thier wird vollständig gesättigt, wenn es der Quantität oder der Menge nach so viel Futter bekommt, daß es die Verdauungswerkzeuge im gehörigen Verhältnisse ausfüllt.

Dazu gehört aber noch eine vollständige Ernährung, welche darin besteht, daß in den genossenen, die Verdauungswerkzeuge im gehörigen Verhältnisse ausfüllenden Futterstoffen jene Summe von nährenden Theilen vorhanden sei, welche nothwendig ist zum naturgemäßen Gedeihen des Thieres und zur vollständigen Erfüllung der Zwecke seines Daseins und seiner Haltung.

Sättigen kann sich auch das Thier, wie bekannt, mit schlechtem, kraftlosem Futter, z. B. mit Stroh von Wintergetreide, gebleichtem Heu u. s. w.; das Thier wird seine Verdauungswerkzeuge damit wohl ausfüllen und auch das Gefühl der Sättigung haben, besonders wenn der Hunger es zum Fressen treibt, wird aber dabei doch leidend sein, sich schwach und kraftlos fühlen, vielleicht sogar krank werden und die Zwecke seines Daseins und seiner Haltung entweber gar nicht oder nur höchst unvollkommen erfüllen können. Warum? Weil es aus dem Futter nicht die genügend nährenden Theile erhielt, daher in dem Begriffe der vollständigen Sättigung auch zugleich die vollständige Ernährung mit enthalten ist.

3. Läßt sich das Interesse der Landwirthschaft mit dieser Pflicht vereinigen?

Die Landwirthschaft hat den Zweck, aus der Wirthschaft den höchst möglichen, nachhaltigen Nutzen zu ziehen. Dieser Grundsatz auf den einen Haupttheil der Landwirthschaft, auf die Viehzucht, angewendet, scheint der Erfahrung gemäß von den meisten Landwirthen dahin erklärt zu werden, daß die Viehzucht ein nothwendiges Uebel sei, durch welches man sich nur um einen sehr hohen Preis den unentbehrlichen Dünger, die nothwendige Milch, Butter, Käse, Zugkraft u. s. w. beschafft; daß man, je mehr und besser man füttert, alle diese Gegenstände um einen desto höheren Preis bezahlen müsse; daß man also dieses nothwendige Uebel so viel als möglich verringern müsse durch Sparung an Futter, durch Verminderung des Viehstandes, durch karge Haltung desselben. Diese Landwirthe bedenken nicht, daß die Viehzucht mit der gesammten Landwirthschaft, insbesondere mit dem Ackerbau in einem organischen, fruchtbringenden Lebensverbande stehe, und daß alle andern Zweige der Landwirthschaft nur in dem Maße rentiren, als die Viehzucht vorwärts schreitet. Mit einer zu großen Beschränkung der Viehzucht unterbinbindet man den wichtigsten Nerv der Landwirthschaft. Diese ist ein Körper, an welchem alle Theile in einem gewissen

Ebenmaße zu einander stehen müssen, wenn er seine volle Wirksamkeit äußern soll.

Wenn so viele Landwirthe die Viehzucht ein nothwendiges Uebel nennen, so bedenken sie nicht, daß sie damit ein jedes Mittel zur Erreichung irgend eines Zweckes als ein Uebel schelten, was doch höchst unvernünftig wäre. So wie zur Erreichung eines jeden Zweckes nähere und entferntere Mittel nothwendig sind und die Mittel nur durch den erreichten Zweck ihren Werth erhalten, so verhält es sich auch mit der Viehzucht, deren vollständiger Werth nur durch eine strenge Berechnung des allseitigen Einflusses derselben auf die Hebung der gesammten Landwirthschaft gehörig gewürdigt werden kann; aber eben diese Berechnung ist es, welche so viele Landwirthe nicht unternehmen wollen oder nicht unternehmen können, weil sie noch keinen lichten Blick in das Wesen der Landwirthschaft zu werfen im Stande sind. Sie geben nur dem einen Werth, was unmittelbar Geld bringt, das ihr höchstes und alleiniges Gut ist, sind aber noch viel zu kurzsichtig, um, im weitern Hintergrunde liegend, das gehörig zu taxiren, was die vorzüglichste Quelle des Geldes und Goldes ist, nämlich die Dungstätte, welche mit vollem Rechte die Goldgrube des Landwirthes genannt zu werden verdient. Diese Goldgrube liefert nur eine gut betriebene Viehzucht.

So viel ist unfehlbar gewiß: gut genährte und satt gefütterte Zugthiere gehen eifriger, bewegen größere Lasten, halten länger aus, haben einen größern Werth. Eine gut gefütterte Kuh gibt mehr und bessere Milch und gibt diese williger her, als eine ausgehungerte, welche das Bischen Milch nur ungern und gezwungen sich entreißen läßt, wenn sie noch im Stande ist, einige Tropfen zu erzeugen, da sie genug damit zu thun hat, um ihr armseliges Leben mit dem karg zugemessenen, kraftlosen Futter zu erhalten. Daß die

Düngererzeugung bei gut genährten Thieren der Quantität sowohl als der Qualität nach eine erhöhte sein müsse, liegt am Tage. Dieses Alles und vieles Andere kommt der gesammten Landwirthschaft zu Gute.

Im Voraus kann man behaupten, daß das Thier in dem Maße uns Nutzen gewähren werde, als wir es nähren. Das gemeine Sprüchwort läßt die Kuh nicht umsonst sagen: Gib mir etwas in' Kropf, so geb' ich dir etwas in' Topf.

Es muß aber auch eine Grenze geben, über welche hinaus zu füttern weder nützlich noch rathsam, also auch nicht wirthschaftlich ist, so gut es damit gemeint sein mag, — unter welcher das Thier wieder nicht genug ausgenützt werden kann, was gleichfalls gegen den Zweck der Landwirthschaft ist.

Es fragt sich: Fällt die höchst mögliche landwirthschaftliche Ausnutzung des Thieres mit dessen vollständiger Sättigung und Ernährung zusammen, oder welches ist die wirthschaftliche Grenze der Fütterung mit besonderer Berücksichtigung des Milcherträgnisses?

So wichtig die Bestimmung dieser Grenze für die Wissenschaft sowohl als für die Praxis erscheint, so schwierig ist es, diese Grenze im Culturstande der Thiere kennen zu lernen.

Eine kurze Betrachtung unserer Hausthiere im Natur- und Culturstande wird dieses deutlicher einsehen lassen.

4. Das Thier im Natur- und Culturstande.

Im Naturstande sättigt und nährt sich die Kuh von dem ihr von der Natur dargebotenen Futter, vom Grase, sei es grün oder trocken. Sie frißt davon, so lange, bis sie satt ist, und des Tages so oft, als sie Hunger fühlt und Gelegenheit zum Fressen hat. Sie folgt ganz dem Drange ihres

Instinktes und ihres Bedürfnisses. Dieses Bedürfniß findet sie gewöhnlich auch vollkommen befriedigt, d. h. bei gehöriger Sättigung fühlt sie sich wohl und so genährt, daß sie naturgemäß gedeiht und die Zwecke ihres Daseins vollkommen erfüllt.

Vollständige Sättigung fällt also im Naturstande ganz mit der vollständigen Ernährung zusammen, d. h. bei der Sättigung sind die Verdauungswerkzeuge nicht nur im gehörigen Verhältnisse mit Futter angefüllt, sondern dieses enthält auch die hinreichend nährenden Theile. Das Thier hört auf zu fressen, wenn es satt ist, und es ist satt und zugleich hinlänglich genährt, wenn es seine Verdauungswerkzeuge im gehörigen Verhältnisse angefüllt hat; das Thier überfrißt sich im Naturstande nicht.

Im Culturstande und unter der Hand des Menschen ist das Thier schon zu sehr von seinem Naturstande abgekommen und mehr oder weniger verwöhnt.

Seiner Freiheit beraubt, ist es an eine gewisse, von dem Menschen bestimmte Ordnung gebunden, welche leider nur zu oft zur Unordnung wird. Es kann das Bedürfniß frischer und gesunder Luft, das Bedürfniß der Sättigung und Ernährung nicht befriedigen, wann, wie und wo es will. Es muß manchmal längere Zeit hungern, bekommt oft schlechteres, kraftloseres, dann wieder besseres, kräftigeres Futter, oft zu wenig, dann wieder zu viel, manchmal plötzlich ein in seinen Eigenschaften dem frühern entgegengesetztes Futter, z. B. auf trockenes saftiges Futter; da dürfen wir uns nicht wundern, wenn das Vieh sich öfters überfrißt und krank wird.

Der Hunger wird oft gesteigert durch übermäßige Anstrengungen und Leistungen, die wir vom Thiere verlangen, so wie auch diese Anstrengungen nach genossenem Futter die Verdauung benachtheiligen.

Dazu kommt noch, daß wir unsere Thiere entweder gar nicht oder nur eine sehr kurze Zeit des Jahres hindurch mit natürlichem Futter, mit Gras oder Heu ernähren. Wir sind genöthigt, unsern Hausthieren viele Stoffe als Nahrung zu reichen, welche sie im Naturstande gar nicht genießen, also für sie nicht ganz angemessen sind, z. B. verschiedene Wurzeln, Oelkuchen, Preßlinge, Schlempe, Trebern u. s. w.

Diese Futterstoffe haben bei gleichem Gewichte oder Maße verschiedene Quantitäten von nährenden Theilen in sich. Einige haben bei weniger Gewicht und in einem sehr kleinen Raummaße viel nährende Stoffe, wie z. B. Körner, Oelkuchen u. s. w.; andere haben bei vielem Gewichte und sehr großem Raummaße nur wenig Nahrungskraft, wie z. B. Stroh von Wintergetreide, Wasserrüben u. s. w.

Einige von unsern Futterstoffen können für sich allein nicht einmal von den Thieren bis zur Sättigung genossen werden, ohne schädliche Wirkungen hervorzubringen, obwohl sie gemischt mit andern Futterstoffen sehr gute Dienste leisten, wie z B. alles Wurzelwerk.

Mehre Futterstoffe werden zwar den Magen des Thieres ausfüllen und den Hunger scheinbar stillen, aber dem Thiere die nothwendige Kraft zur Erfüllung des mit ihm vorzuhabenden Zweckes nicht geben und ein Gefühl der Unbehaglichkeit und der Schwäche hinterlassen.

Kraftvolles Körnerfutter allein bem Thiere gereicht könnte wegen seines hohen Preises in der Quantität nicht verabreicht werden, daß es die Verdauungswerkzeuge ausfüllt, würde aber dann den Hunger nicht vollkommen stillen. Vollständige Sättigung ist aber unerläßlich, wenn die im Futter enthaltenen nährenden Stoffe ihrem Zwecke möglichst entsprechen sollen. Ohne vollständige Sättigung, d. h. ohne verhältnißmäßige Ausfüllung der Verdauungswerkzeuge können die Futterstoffe nicht gehörig verbaut werden, weil sie mit den Wandungen der Verdauungswerkzeuge in nicht genügende Berührung kommen und daher deren Thätigkeit nicht hinlänglich anregen; die in den Futterstoffen enthaltenen Nahrungsstoffe können somit nicht gehörig ausgesogen und von dem Körper aufgenommen werden.

Würde man die Verdauungswerkzeuge ganz mit Kraftfutter allein ausfüllen, d. h. würde man die Thiere so lange davon fressen lassen, bis sie satt sind, so würde eine solche Fütterung nicht nur in keinem wirthschaftlichen Verhältnisse zu dem daraus zu erhaltenden Nutzen stehen, sondern eine solche Fütterung würde das Thier zu stark nähren, dasselbe in einen Zustand versetzen, welcher unnatürlich und folglich der Gesundheit nachtheilig ist; wir würden damit auf Mast, nicht aber auf die Beförderung naturgemäßer Zwecke hinwirken.

Manche Futterstoffe haben einen zu großen Reiz für die Freßlust des Thieres, so daß es sehr leicht mehr davon genießen könnte, als ihm zuträglich ist; auch würden in diesem Falle die nährenden Theile nicht gehörig ausgenutzt werden, da die Verdauungswerkzeuge die zu große und zusammengedrängte Futtermasse nicht zu bewältigen vermöchten.

Jeder wird also einsehen, daß es im Culturstande und bei den in demselben anzuwendenden Futterstoffen nicht gleichgiltig ist, wie viel und welche Futterstoffe das Thier verzehrt, um so weniger, als von der Quantität und Qualität des verabreichten Futters die Quantität und Qualität des von dem Thiere zu Leistenden abhängt, was in landwirthschaftlicher Hinsicht von hoher Wichtigkeit ist.

Vielleicht läßt sich nach dem, was wir von dem Thiere geleistet wünschen, die Quantität und Qualität des Futters bestimmen, welches ihm verabreicht werden soll. Wir wollen dieses näher betrachten.

5. Was wünschen wir von der Kuh zu erhalten?

Im Naturstande wächst bei der durch naturgemäßes Futter vollzogenen Sättigung und Ernährung das Kalb bis zur Kuh heran, d. h. das Kalb produzirt an seinem eigenen Körper so lange Fleisch, bis es die naturgemäße Größe einer Kuh erreicht hat.

Die Kuh produzirt jährlich ein Kalb und für dieses, aber auch nur für dieses, die nothwendige Milch, welche das Kalb täglich nach Belieben und so oft, als es das Bedürfniß dazu fühlt, aus dem Euter der Mutter saugt. Die Mutter liefert aber nur so lange die Milch, als selbe das Kalb braucht, also nur durch einige Monate, vielleicht nur bis zur wieder erfolgenden Begattung; die ganze übrige Zeit von etwa 9 Monaten bis wieder zum Kalben ist sie ohne Milch.

Im Culturstande und unter der Hand des Menschen wird von der Kuh nicht nur dasselbe, sondern noch mehr verlangt. Die Kuh soll, wenn auch nicht schöner, so doch größer heranwachsen, als im Naturstande; sie soll ein schönes, großes Kalb liefern. Der Hauptnutzen soll aber die Milch sein; diese soll sie fast das ganze Jahr hindurch geben. Indem man nach der Entwöhnung des Kalbes das Saugen desselben durch das Melken fortsetzt, nöthigt und gewöhnt man die Kuh, durch eine längere Zeit des Jahres bis ungefähr 2 Monate vor dem Kalben Milch zu geben. Dadurch werden die Milch produzirenden und Milch enthaltenden Organe zur reichern und längern Milchabsonderung befähigt, insbesondere wird das Euter an Umfang erweitert.

Was also die Kuh im Naturstande produzirt, wünschen wir auch im Culturstande von ihr, aber in erhöhtem Grade, besonders in Hinsicht der Milch; diese soll so viel als möglich reichlich, gleichförmig, lange und in bester Qualität fließen; kurz wir wollen noch einen größern Nutzen von der Kuh, als sie im Naturstande zu geben im Stande ist.

Da Milch, Fleisch, Kalb u. s. w. aus dem genossenen Futter erzeugt werden und sich nach der Quantität und Qualität desselben verhalten, so wird auch die Fütterung im Culturstande eine stärkere und ausgezeichnetere als im Naturstande sein müssen.

Eine Betrachtung der Art und Weise, wie die Kuh produzirt, wird uns unserm Ziele näher führen.

6. Wie und wodurch produzirt die Kuh?

Die Kuh, so wie jedes Nutzthier, ist zu vergleichen mit einer Maschine, welche durch eine Kraft bewegt wird, um durch diese Bewegung eine Produkt hervorzubringen.

Die Maschine leistet aber nur dann den erwünschten Erfolg, wenn die Bewegung weder eine zu geringe noch zu große ist, wenn sie also zur Maschine und der Produktion derselben in angemessenem Verhältnisse steht.

Da die Bewegung der Maschine von der sie hervorbringenden Kraft abhängig ist, sei diese Kraft Wasser-, Dampf-, Menschen- oder Thierkraft, so muß die Kraft selbst in einem zur Maschine und deren Produktion angemessenen Verhältniß stehen. Die Produktion hängt aber auch zum Theil von der Güte und Größe der Maschine ab.

Wählen wir zur bessern Veranschaulichung ein Beispiel von einer Mühle. Die Mühle mahlt schlecht oder gar nicht, wenn zu wenig Wasser, als treibende Kraft, vorhanden ist. Eben so ist es für die Mühle selbst und ihr Produkt nachtheilig, wenn zu viel Wasser auf das Rad fällt und dasselbe zu schnell treibt. Ein Theil des Wassers muß dann abgeschlagen werden, und zwar so viel, bis die Mühle ihren angemessenen Gang erhält.

Eben so wird Jeder leicht einsehen, daß die bewegende Kraft viel geringer zu sein braucht, wenn blos die Maschine in Bewegung gesetzt wird, ohne etwas zu produciren, daß aber die Kraft verstärkt werden müsse, wenn die Maschine durch ihre Bewegung noch etwas hervorbringen soll.

Was bei der Maschine die Bewegung ist, durch welche producirt wird, das ist bei der Kuh die Lebensthätigkeit oder das Leben selbst. Das Leben wird in Thätigkeit versetzt und erhalten mit allen seinen Organen durch das Futter.

Hier bei dem Thiere ist aber der Unterschied von der Maschine, daß die Lebensthätigkeit durch das Futter erhalten wird. Was die Organe der Lebensthätigkeit durch ihre Bewegung verlieren oder abnutzen, wird ihnen aus dem Futter, und zwar aus dessen nährenden Theilen durch die Verdauung und Assimilation wieder zugeführt, oder kürzer gesagt, das Thier reproducirt sich als Maschine aus dem Futter in jedem Augenblicke der Zeit theilweise, in einem größern Zeitraume aber ganz.

Es ist also Futter nothwendig zur Erhaltung der Lebenskraft und aller ihrer Organe. Damit würde dem Landwirthe aber wenig gedient und genützt werden; er will auch durch diese Lebensthätigkeit etwas für sich producirt haben, z. B. bei der Kuh Milch, Kalb u. s. w. Dieses zu Producirende wird abermals aus dem Futter durch die Lebensthätigkeit und die Thätigkeit ihrer Organe hervorgebracht; dann muß aber die bewegende Kraft, das Futter, vermehrt werden.

Es ist daher einleuchtend, daß zur bloßen Lebenserhaltung weniger Futter nothwendig ist, als wenn auch noch etwas darüber, z. B. Milch, erzeugt werden soll.

Der Landwirth wünscht aber aus dem Futter den höchstmöglichen Nutzen zu ziehen; er fragt also ganz vernünftig:

7. Wann wird die Kuh den höchst-möglichen Nutzen geben?

Wir können zum Behufe der Beantwortung dieser Frage vor der Hand nur auf das ganze Futter Rücksicht nehmen, ohne zu unterscheiden und zu bestimmen, wie viel davon auf die Erhaltung des Lebens und auf die Produktion von nutzbaren Stoffen gehöre.

Da alle Produktion aus dem Futter durch die Lebenskraft geschieht, so wird der Nutzen desto größer sein, je besser und schneller eine bestimmte Quantität Futter ausgenutzt wird.

Die bessere und schnellere Ausnutzung des Futters hängt aber auch zugleich von einer für das Thier angemessenen Futterportion ab.

Es werden also folgende Bedingungen zu einer wirthschaftlichen Ausnutzung erfordert werden:

a) Es muß so viel gefüttert werden, daß, wie schon erwähnt wurde, alle Wandungen der Verdauungswerkzeuge verhältnißmäßig ausgefüllt werden; denn nur dann können die Verdauungswerkzeuge mit ihrer ganzen Fläche, also mit ihrem ganzen Apparate auf die genossenen Futterstoffe wirken und die nährenden Theile für den thierischen Organismus zur weitern Verarbeitung ausziehen.

Eine größere Quantität Futter strengt die Verdauungswerkzeuge zu sehr an, belästigt und schwächt sie. Der zur Verdauung nothwendige Saft kann die Futterstoffe nicht alle gehörig durchdringen und die darin enthaltenen nährenden Theile ausscheiden.

Von zu wenig Futter versteht es sich von selbst, daß es auch verhältnißmäßig weniger Nutzen gebe, und wir werden später klar einsehen lernen, daß es wirthschaftlicher ist, lieber weniger Vieh zu halten, aber dieses wenige besser zu füttern.

Zudem haben wir auch schon erwähnt, daß zu wenig Futter nicht genug ausgenutzt werden kann, indem es nicht genug mit allen Flächen der Verdauungswerkzeuge in Berührung kommt.

b) Es müssen aber auch in dem die Verdauungswerkzeuge ausfüllenden Futter so viele nährende Theile enthalten sein, als nothwendig sind, damit das Thier sein bestes, naturgemäßes Gedeihen erhält, wodurch es allein die Zwecke seines Daseins und seiner Haltung vollkommen erfüllen kann.

Von dieser zweiten Bedingung hängt vorzüglich ab die Thätigkeit der Lebenskraft und ihrer Organe in Hinsicht der Ausnutzung des Futters. Je mehr das Vieh genährt und gestärkt wird, desto besser ist die Verdauung, desto vollkommener die Ausnutzung der Futterstoffe.

Wird die erste Bedingung erfüllt, dann ist das Thier vollkommen gesättigt; kommt noch die zweite Bedingung hinzu, so ist es auch vollständig genährt für sein Gedeihen und für die Erfüllung der durch seine Haltung verfolgten Zwecke gehörig gesorgt.

Wir sehen also, daß der Zweck der Landwirthschaft, den höchst-möglichen Nutzen zu ziehen, bei der Viehzucht nur mit der vollkommenen Sättigung und Ernährung der Thiere erreicht werde, und daß also der Zweck der Landwirthschaft bei der Viehzucht mit der Pflicht des Menschen gänzlich zusammenfalle, vermöge welcher er seine Thiere nicht hungern lassen, sondern vollständig sättigen und nähren soll.

Es fragt sich aber immer noch: Wie viel Futter gehört zur vollkommenen Sättigung und Ernährung? da, wie wir gesehen haben, es dem Thiere im Culturstande und bei den in demselben zu Gebote stehenden Futterstoffen nicht überlassen werden kann, was und wie viel es fressen will.

Nach den obigen zwei Bedingungen haben wir bei der Bestimmung der Futterportion zur vollständigen Sättigung und Ernährung des Thieres auf zwei Punkte zu sehen und zwar auf:

8. Das Volumen und den Inhalt oder die Kraft des Futters.

Bei der Sättigung hat man vorzugsweise das Volumen, bei der Ernährung vorzugsweise die im Futter enthaltenen nährenden Stoffe zu berücksichtigen.

Unter Volumen versteht man eigentlich den Umfang, die Ausdehnung, den Raum, den ein gewisser Futterstoff in trockenem Zustande in Bezug auf seine nährenden Theile, verglichen mit einem andern Futterstoff in derselben Beziehung, einnimmt.

Wenn es z. B. heißt: ein Centner Heu hat eben so viele nährende Theile als 290 Pfund Gerstenstroh, so hat Gerstenstroh ein größeres Volumen als Heu, wenn man bei beiden die gleiche Nahrhaftigkeit berücksichtigt.

Bei saftigen, wässerigen Futterstoffen muß man erst das Gewicht des Wassers, das in ihnen enthalten ist, abziehen, weil Wasser weder zur Sättigung, noch zur Ernährung unmittelbar gehört, sondern nur zur Stillung des Durstes und zur Herbeischaffung der im thierischen Körper nothwendigen Flüssigkeiten dient.

Wenn es z. B. heißt: 200 Pfund Kartoffeln nähren eben so gut, wie ein Centner Heu, so muß man die Kartoffeln erst auf das Gewicht ihres trockenen Zustandes bringen. Da 100 Pfund Kartoffeln 25 Pfund trockene Masse und 75 Pfund Wasser haben, so werden 200 Pfund Kartoffeln 50 Pfund trockene Masse besitzen und also 50 Pfund dieser trocknen Masse an Nahrhaftigkeit gleich sein 100 Pfunden Heu, und wir werden sagen können, daß die Kartoffeln in Bezug gleicher Nahrhaftigkeit ein kleineres Volumen haben als Heu.

Wir haben hier nur so viel über das Volumen des Futters gesprochen, um einen beiläufigen Begriff davon zu geben und zu zeigen, daß unsere Futterstoffe bei gleichem Nahrungsgehalt ein verschiedenes Volumen einnehmen. Wir werden späterhin Gelegenheit haben, über denselben Gegenstand Mehres zu sprechen.

Unter dem Inhalte oder der Kraft der verschiedenen Futterstoffe verstehen wir die in ihnen befindlichen nährenden Theile, welche von dem Thiere durch die Verdauung ausgesogen und im Körper aufgenommen werden, zur weitern Verarbeitung durch die Lebenskraft des Thieres. Diese nährenden Theile bestehen größtentheils in Stickstoff und Kohlenstoff. Jeder Futterstoff hat eine andere Menge derselben, wie wir schon aus den oben angeführten Beispielen gesehen haben.

Die zu verabreichende Portion Futter soll ein so großes Volumen haben, daß sie die Verdauungswerkzeuge gehörig ausfüllt, dann fühlt sich das Thier gesättigt; sie soll aber auch zugleich so viele nährende Theile enthalten, daß das Thier genügend ernährt und fähig wird, die Zwecke seines Daseins und seiner Haltung vollkommen zu erfüllen.

Haben wir ein solches Futter? Ja. Es ist dieses das Heu, der natürlichste Futterstoff.

9. Das Heu.

Heu ist nichts Anderes, als trockenes Gras. Vom Grase nährt sich auch, wie wir gesehen, die Kuh im Naturstande und in vielen Gegenden auch im Culturstande; davon kann die Kuh ohne Schaden bis zur vollen Sättigung fressen. Ist sie gesät-

tigt, d. h. hört sie auf zu fressen, nachdem sie ihre Verdauungs=
werkzeuge gehörig angefüllt hat, so ist sie auch hinlänglich
genährt.

Wir können also nach vielen Versuchen endlich die Portion
Heu nach Pfunden bestimmen, welche eine Kuh täglich zur voll=
ständigen Sättigung und Ernährung braucht.

Da aber stärkere Kühe mehr Futter verzehren als schwä=
chere, so können wir auch, um einen Maßstab zu haben, für
jede Kuh, sie mag von welcher Stärke immer sein, berechnen,
wie viel Pfund Heu auf 100 Pfund lebenden Gewichts zur
vollständigen Sättigung und Ernährung kommen.

Unter lebendem Gewicht verstehen wir dasjenige, welches
eine Kuh hat, wenn sie lebend gewogen wird. Um dieses Ge=
wicht auch ohne Wage annäherungsweise kennen zu lernen,
wollen wir am Schlusse eine kurze Anleitung geben.

10. Bestimmung, wie viel eine Kuh täglich auf 100 Pfund lebenden Gewichts an Heu braucht.

Man hat durch Versuche gefunden, daß auf 100 Pfund
lebenden Gewichts ungefähr $3\frac{1}{3}$ Pfund Heu täglich als Futter
kommen. Man kann also sagen, daß eine Kuh täglich $3\frac{1}{3}$ %
oder den 30. Theil ihres lebenden Gewichts an Heu brauche,
um vollkommen gesättigt und ernährt zu werden.

Auf 100 Pfund lebenden Gewichts kommen also an Heu
wöchentlich $3\frac{1}{3} \times 7 = 23\frac{1}{3}$ Pfund, monatlich $3\frac{1}{3} \times 30 = 100$ Pfund, jährlich 100×12 oder $3\frac{1}{3} \times 360 = 1200$ Pfund.
Der leichtern Rechnung wegen wird das Jahr mit 360 Tagen
angenommen.

So viele hundert Pfund lebenden Gewichts eine Kuh hat, so viele Mal mehr wird sie täglich, wöchentlich, monatlich, jährlich an Heu verzehren.

Nehmen wir eine Kuh mit 600 Pfund lebenden Gewichts an, wie man sie bei dem kleinen Landwirth gewöhnlich findet, so braucht eine solche Kuh täglich $3\frac{1}{3} \times 6 = 20$ Pfund, wöchentlich 20×7 oder $23\frac{1}{3} \times 6 = 140$ Pfund, monatlich 20×30 oder $100 \times 6 = 600$ Pfund, jährlich 600×12 oder 1200×6 oder $20 \times 360 = 7200$ Pfund Heu.

Man kann ferner sagen: Eine Kuh verzehrt monatlich so viel Pfund Heu, als sie schwer ist, jährlich 12 mal so viel Pfund, als sie wiegt.

11. Erhaltungs-, Lebens- oder Conservations-Futter.

Aus dem oben angeführten Gleichnisse zwischen einer Maschine und einem Nutzthiere haben wir gesehen, daß ein Theil des Futters zur Erhaltung des Lebens gehöre, und daß erst aus dem, was darüber gefüttert wird, etwas zum Nutzen des Menschen producirt werde. Es entsteht nun die sehr wichtige Frage: Wo ist die Grenze des Erhaltungsfutters, oder welches ist die Quantität von Heu, durch welche die bloße Lebenskraft erhalten wird?

Versuche und Erfahrungen haben dargethan, daß von dem Futter zur vollkommenen Sättigung und Ernährung die Hälfte zur Erhaltung des Lebens nothwendig sei, daher man auch diese Hälfte Erhaltungs-, Conservations- oder Lebensfutter nennt.

Dieses Futter nimmt das Thier von dem ganzen Futter im Voraus in Anspruch; es braucht dasselbe, ehe es noch etwas produziren kann; man kann also von demselben nichts abbrechen, ohne das Leben des Thieres zu gefährden.

Wenn wir oben angegeben haben, daß das zur vollkommenen Sättigung und Ernährnng nothwendige Futter für 100 Pfund lebenden Gewichts täglich auf $3\frac{1}{3}$ Prozent sich belaufe oder den 30. Theil vom lebenden Gewichte des Thieres betrage, so wird das Erhaltungsfutter $1\frac{2}{3}$ Prozent oder den 60. Theil von dem lebenden Gewichte des Thieres ausmachen.

Das Erhaltungsfutter beträgt also für 100 Pfund lebenden Gewichts wöchentlich $1\frac{2}{3} \times 7 = 11\frac{2}{3}$ Pfund, monatlich $1\frac{2}{3} \times 30 = 50$ Pfund, jährlich 50×12 oder $1\frac{2}{3} \times 360 = 600$ Pfund Heu.

Es ist nun leicht zu berechnen, was eine Kuh von einem bestimmten Gewichte, z. B. von 600 Pfund lebenden Gewichts, an Erhaltungsfutter nothwendig habe. Man wird die vorher erhaltenen Summen für 100 Pfund lebenden Gewichts nur mit 6 multipliziren müssen, in welchem Falle man an Erhaltungsfutter erhält für den Tag $1\frac{2}{3} \times 6 = 10$ Pfund, für die Woche $10 \times 7 = 70$, für den Monat $10 \times 30 = 300$, für das Jahr 300×12 oder $10 \times 360 = 3600$ Pfund Heu.

12. Produktionsfutter, und wie viel die Kuh davon produzirt.

Was die Kuh über das Erhaltungsfutter bekommt, davon produzirt sie erst, z. B. Milch, Kalb u. s. w. Darum nennt man auch jenes Futter, welches die Kuh noch über das Erhaltungsfutter hinzubekommt, Produktions- oder Erzeugungsfutter.

Durch Versuche hat man ermittelt, daß 1 Pfund Heu als Produktionsfutter 1 Pfund Milch oder $\frac{1}{10}$ Pfd. Fleisch erzeuge.

Während die Kuh Milch gibt, erzeugt sie in ihrem Leibe auch zugleich ein Kalb; nur ungefähr zwei Monate vor dem Kalben hört sie auf, Milch zu geben. Aeußerst wenige Kühe geben bis zum Kalben Milch. Es gibt freilich auch Fälle, wo Kalbinnen ohne Begattung, und ohne zu kalben, sehr viel Milch geben; solche Fälle sind aber nur selten und nur Ausnahmen von der Regel.

Wollen wir die durchschnittliche tägliche oder jährliche Milchproduktion einer Kuh aus dem verabreichten Produktionsfutter berechnen, so müssen wir von dem Produktionsfutter vorher abziehen, was davon zur Erzeugung des Kalbes im Mutterleibe nothwendig ist.

Nun hat das Kalb bei der Geburt in der Regel an Gewicht ungefähr den 10. Theil von dem Gewichte seiner Mutter; es kommen also auf 100 Pfund der Mutter 10 Pfund des Kalbes.

Zur Erzeugung von 10 Pfund Fleisch des Kalbes werden 100 Pfund Heu als Produktionsfutter erfordert.

Da auf 100 Pfund lebenden Gewichts eine Kuh zur vollständigen Sättigung und Ernährung jährlich im Ganzen $3\frac{1}{3} \times 30 \times 12$ oder $3\frac{1}{3} \times 360 = 1200$ Pfund Heu braucht, so muß davon die Hälfte als Erhaltungsfutter abgezogen werden; es bleiben also noch 600 Pfund Heu als Produktionsfutter übrig. Wenn davon auf 10 Pfund Kalberzeugung noch 100 Pfund Heu abgerechnet werden, so bleiben für die Milcherzeugung im Jahre noch übrig 500 Pfund Heu, welche eben so viele Pfund Milch, also 500 Pfund erzeugen. Da 1 Maß Milch ungefähr $2\frac{1}{2}$ Pfund wiegt, so sind 500 Pfund 200 Maß Milch.

Bekommt eine Kuh von 200 Pfund lebenden Gewichts jährlich im Ganzen 7200 Pfund Heu, so entfallen davon auf das Erhaltungsfutter 3600 und auf das Produktionsfutter ebenso viel, nämlich 3600 Pfund Heu. Das Kalb einer Kuh von 600 Pfund lebenden Gewichts ist bei der Geburt in der Regel 60 Pfund schwer. Zur Erzeugung von 60 Pfund Fleisch werden 600 Pfund Heu als Produktionsfutter erfordert; es bleiben also noch auf Milcherzeugung 3000 Pfund Heu übrig, welche 3000 Pfund oder 1200 Maß Milch erzeugen.

Man erhält die durchschnittliche jährliche Milcherzeugung einer Kuh in Pfunden, wenn sie täglich 3⅓ Prozent Heu nach ihrem lebenden Gewichte erhält, wenn man dieses lebende Gewicht mit 5 multiplizirt.

Nach mehren Versuchen erhält man den jährlichen Milchertrag im Durchschnitte, wenn man den höchsten Ertrag an Milch von einem Tage gleich nach dem Kalben mit 3 dividirt, woraus man auch den jährlichen durchschnittlichen Ertrag berechnen kann.

Z. B. eine Kuh gibt nach dem Kalben 10 Maß Milch, so fallen auf einen Tag durch das Jahr $10 : 3 = 3\frac{1}{3}$ Maß und auf das ganze Jahr $3\frac{1}{3} \times 360 = 1200$ Maß Milch.

13. Butter- und Käse-Produktion.

Es ist nun nicht schwer, das jährliche durchschnittliche Erträgniß einer Kuh an Butter und Käse annäherungsweise zu berechnen, da beide aus der Milch erzeugt werden.

Zur ungefähren Berechnung der Butter und des Käses geben wir hier in Zahlen nachfolgende Anhaltspunkte.

10 Maß Milch geben unabgerahmt 1 Pfund Butter.
5 „   „   „   „   1 „   Käse in trockenem Zustande.
4 Maß Milch geben unabgerahmt 1 Pfund Käse in frischem Zustande.

6 Maß abgerahmte Milch geben 1 Pfund Käse in frischem Zustande.
10 „ Milch geben . . . . 2 Maß Rahm.
2 „ Rahm . . . . 1 Pfund Butter.
10 „ „ . . . . 8 Maß Buttermilch.
10 „ Buttermilch . . . . . 1 Pfund Käse.

Wird aus der unabgerahmten Milch bloß Käse bereitet, so bleiben die Buttertheile mit den Käsetheilen innig verbunden, und der so dargestellte Käse wird fetter Käse genannt.

Da man bei einer Fütterung bis zur vollständigen Sättigung und Ernährung von einer Kuh auf 100 Pfund lebenden Gewichts jährlich 200 Maß Milch erhält und 5 Maß Milch 1 Pfund Käse geben, so liefern 200 Maß Milch 40 Pfund Käse; unsere schon oft als Beispiel angeführte Kuh von 600 Pfund lebenden Gewichts wird also ein jährliches Erträgniß von $40 \times 6 = 240$ Pfund Käse geben.

Da man aber gewöhnlich frischen Käse nach dem Gewicht in Berechnung bringt, so müssen wir auf 4 Maß Milch 1 Pfd. Käse rechnen; dann wird unsere Kuh von 600 Pfd. lebenden Gewichts aus dem jährlichen Milchertrage ungefähr 300 Pfd. Käse geben.

Wird aber aus der Milch Butter bereitet, so erhalten wir folgende Rechnung:

Die Butter kann aus der Milch unmittelbar, ohne den Rahm abzunehmen, bereitet werden, wo 10 Maß Milch ungefähr 1 Pfund Butter geben. Da man bei einer Kuh auf 100 Pfund lebenden Gewichts 200 Maß Milch durchschnittlich im Jahre erhält, so entfallen davon 20 Pfund Butter und bei unserer Kuh von 600 Pfund lebenden Gewichts mit einem jährlichen Milcherträgniß von 1200 Maß Milch 120 Pfund Butter.

In der Milch ist aber auch noch der Käsestoff enthalten, welcher ausgeschieden werden muß. Rechnen wir auf 10 Maß 1 Pfund Käse in trockenem Zustande, so haben wir von

200 Maß Milch auf 100 Pfund lebenden Gewichts jährlich 20 Pfund Käse, und unsere Kuh von 600 Pfund lebenden Gewichts würde uns jährlich 120 Pfund Käse geben. Dieser Käse wird als in trocknem Zustande befindlich angenommen; im frischen Zustande würden wir 180 Pfund erhalten, also von 6—7 Maß Milch ungefähr 1 Pfund Käse.

Diesen Käse nennt man magern Käse und verkauft ihn wohlfeiler.

Gewöhnlich wird aber die Milch abgerechnet und aus dem Rahm erst die Butter bereitet. Da 10 Maß Milch 2 Maß Rahm geben, so geben 200 Maß Milch von 100 Pfd. lebenden Gewichts jährlich 40 Maß Rahm, und da 2 Maß Rahm 1 Pfund Butter geben, so erhält man auf 100 Pfund lebenden Gewichts 20 Pfund Butter, also von unserer Kuh 120 Pfund.

Wir haben nun noch den Käse zu berechnen. 40 Maß Rahm geben 32 Maß Buttermilch, und da 10 Pfd. Buttermilch 1 Pfund Käse liefern, so geben 40 Pfd. Buttermilch ungefähr 3 Pfd. Käse. Es bleibt nun noch die abgerahmte Milch übrig, deren Käsegehalt noch dazu zu rechnen ist.

Wenn wir von 200 Maß Milch die abgenommenen 40 Maß Rahm abziehen, so verbleiben 160 Maß abgerahmte Milch; da 6 Maß abgerahmte Milch 1 Pfund Käse geben, so kommen auf 160 Maß Milch 27 Pfund Käse. Rechnen wir jene 3 Pfund von der Buttermilch hinzu, so haben wir 30 Pfund Käse. Dieses wäre der jährliche Ertrag auf 100 Pfund lebenden Gewichts einer Kuh; unsere angenommene Kuh würde also das Sechsfache an Käse, also 180 Pfd. in frischem Zustande geben.

Ist der Preis der Milch, der Butter, des Käses, des Rahmes u. s. w. bekannt, so läßt sich die Geldeinnahme berechnen; zugleich wird man daraus ersehen, was rentirender sei, ob Milch-, Rahm-, Butter- oder Käse-Verkauf.

14. Allmählige Abnahme der Milch nach der Geburt des Kalbes.

Wir haben gesehen, daß bei vollständiger Sättigung und Ernährung einer Kuh, d. h. wenn sie auf 100 Pfund lebenden Gewichts 3½ Pfund Heu täglich erhält, auf eben diese 100 Pfd. lebenden Gewichts 200 Maß Milch jährlich erzeugt werden. Es kommen daher auf den Tag ⅚ Maß Milch. Bei unserer als Beispiel angenommenen Kuh von 600 Pfd. lebenden Gewichts wird 6mal mehr, also jährlich 1200 Maß, und täglich 3⅓ Maß durchschnittlich erzeugt.

Diese Quantität Milch gibt aber die Kuh nicht alle Tage des Jahres gleichförmig fort; sie liefert gleich nach dem Kalben die meiste Milch und bricht auch bei der regelmäßigsten Fütterung von Tag zu Tag ab, bis sie ungefähr 2 Monate vor dem Kalben gänzlich aufhört, Milch zu geben.

Dieser Fall tritt vorzugsweise dann ein, wenn die Kuh nach dem Kalben wieder trächtig wird, weil das zu erzeugende Kalb einen Theil vom Produktionsfutter zu seinem Wachsthume im Mutterleibe in Anspruch nimmt.

Bei nicht wieder trächtig werdenden Kühen bleibt die Milchergiebigkeit oft durch mehre Jahre fast gleich, besonders wenn sie eine reichliche und nahrhafte Fütterung erhalten.

Es kann sogar sein, daß längere Zeit nach dem Kalben und selbst während der Zeit des Trächtigseins das tägliche Milchquantum, statt abzunehmen, steigt. Dieser Fall tritt gar häufig ein, wenn im Frühjahr oder Sommer viel Grünfutter verabreicht wird, so daß oft weit mehr als 3⅓ Pfd. Heuwerth auf 100 Pfd. lebenden Gewichts kommen. Die Regel bleibt aber immer eine gleichförmige Abnahme bis zur Zeit des Kalbens hin.

Merkwürdiger Weise gibt die Kuh gleich nach dem Kalben

durch ungefähr 40 Tage täglich so viele Pfunde Milch, als sie im Ganzen Pfunde Heu zur Nahrung erhält. Es wird also sogar das Erhaltungsfutter als Produktionsfutter verwendet. Aber eben diese Erscheinung, welche gegen die Gesetze der Produktion zu sein scheint, begründet eines der merkwürdigsten und einflußreichsten Gesetze, sowohl bei der Aufzucht der Kälber als auch bei der Fütterung der erwachsenen Thiere, wie wir weiter unten nachweisen werden.

Wir erhalten also von der Kuh nach dem Kalben auf 100 Pfund ihres lebenden Gewichts täglich $3^1/_3$ Pfund und bei einer Kuh von 600 Pfd. lebenden Gewichts 20 Pfd. Milch.

Nehmen wir an, daß die Kuh durch 300 Tage, also bis ungefähr 2 Monate vor dem Kalben Milch gebe, so würde bei einer Kuh von 600 Pfd. lebenden Gewichts, welche nach dem Kalben 20 Pfd. Milch gibt, die gleichförmige tägliche Abnahme der Milch gleich sein $^{20}/_{300} = ^1/_{15}$ Pfund, d. h. die Kuh würde von den 20 Pfund Milch, die sie in den ersten Tagen gibt, täglich $^1/_{15}$ Pfund oder beinahe 2 Loth abbrechen.

Allein der Erfahrung nach ist die Abnahme nicht so gleichförmig, sondern sie verhält sich bei der als Beispiel angeführten Kuh folgendermaßen; letztere gibt:
die ersten 40 Tage täglich durchschnittlich 20 Pfund Milch
die folgenden 90 Tage täglich durchschnittlich 16 „ „
„ „ 90 „ „ „ 12 „ „
„ „ 80 „ „ „ 8 „ „

Theilt man die täglich erhaltenen Pfunde Milch in jeder der 4 Perioden mit 4, so erhalten wir für jede Periode folgendes Verhältniß der Abnahme:

die ersten 40 Tage $^{20}/_4 = 5$ ⎫
die folg. 90 „ $^{16}/_4 = 4$ ⎬ Verhältniß der Abnahme
„ „ 90 „ $^{12}/_4 = 3$ ⎪ der Milch.
„ letzten 80 „ $^8/_4 = 2$ ⎭

Genau genommen ist die Menge der täglichen Milch in den ersten 40 Tagen nicht gleich, sondern sie ist im Anfange geringer und steigt von Tag zu Tag bis etwa zum 40. Tag. Boussingault hat hierüber folgende Erfahrungen gemacht, welche beigefügte Tabelle anzeigt:

   1. Tag nach dem Kalben . . . 5,0 Litre Milch
  13. „ „ „ „ . . . 7,5 „ „
  24. „ „ „ „ . . . 10,6 „ „
  35. „ „ „ „ . . . 12,0 „ „

Ein Litre hat ungefähr 2 Pfund Gewicht.

15. Tränken der Kühe.

Zur Sättigung und Ernährung der Thiere überhaupt gehört auch das Tränken. Der Organismus der Thiere besteht ja größeren Theils aus Flüssigkeiten, und vergleichen wir die trockenen Substanzen des Thieres mit den flüssigen, so verhalten sich jene zu diesen wie 2 : 3. Es entstehen ja alle trockenen Theile des Thieres aus den flüssigen und erhalten aus diesen dasjenige wieder ersetzt, was sie durch Abnutzung verloren.

Die Hauptflüssigkeit im thierischen Körper ist das Blut; aus ihm entstehen und ergänzen sich alle Theile des Körpers. In seiner Flüssigkeit enthält es auf 100 Pfund gegen 75 Pfund Wasser. Dadurch wird es fähig, seinen schnellen Kreislauf durch den ganzen Körper unaufhörlich fortzusetzen und selbst durch die allerfeinsten Kanäle zu bringen, welche noch viel feiner als ein Haar sind.

Damit die trockenen Futterstoffe durch die Verdauung in Nahrungssaft und endlich in Blut verwandelt werden, dazu werden wieder Flüssigkeiten im Munde, im Magen, in den Gedärmen der Thiere erfordert.

Fassen wir die Wirkungen des Wassers bei den Thieren zusammen, so bestehen sie in folgenden:

1). Das Wasser erzeugt ein zur Ernährung geeignetes Blut.

2) Es entfernt fremdartige zur Ernährung untaugliche Stoffe in der Form von Urin, Dunst und Schweiß.

3) Es verhindert die Austrocknung des thierischen Organismus oder erhält das entsprechende Verhältniß der trocknen Substanz zur flüssigen.

4) Es erhält die erforderliche Elastizität der einzelnen Organe.

5) Bei den Kühen ist aber das Tränken noch wegen einer andern Eigenthümlichkeit ganz besonders nothwendig, und zwar wegen der Milchabsonderung. Die Milch enthält in hundert Pfunden 86—92. Pfund Wasser.

Eine mittelgroße Kuh von 600 Pfund, welche täglich im Durchschnitte 3 Maß Milch gibt, bedarf täglich:

6½ Pfund Wasser zur Milchabsonderung,
15 „ „ „ Ausdünstung,
18 „ „ zum Uriniren, also
39½ „ „ zu ihrem Haushalte, wenn wir nur die genannten 3 Funktionen in Erwägung ziehen.

Erhält die Kuh nicht genug Wasser oder andere Flüssigkeiten, z. B. durch den Genuß von Grünfutter, so muß eine Verminderung von irgend einer dieser Absonderungen erfolgen, und die Erfahrung lehrt, daß diese Verminderung zuerst in der Milchproduktion eintritt.

Es ist mit dem zur Tränke gebrauchten Wasser gerade so, wie mit dem Futter. So wie dieses in Erhaltungs= und Produktionsfutter zerfällt und das Thier jenes vorweg und zuerst in Anspruch nimmt und das übrig bleibende Futter erst zur Produktion verwendet, indem das Leben und die Erhaltung der Maschine der Produktion vorangeht, als nothwendige Bedingung; gerade so ist es auch mit dem Wasser;

einen Theil davon verwendet das Thier zu seiner Erhaltung und nimmt ihn zuerst hinweg; was übrig bleibt an Wasser, nach Abzug des zur Erhaltung nothwendigen, verwendet es erst zur Produktion.

Es ist daher eine Regel für den klugen Viehzüchter, welche er mit aller Sorgfalt befolgt, daß er seinem Melkvieh hinreichende Flüssigkeit verabreicht; er wird deshalb Sorge tragen, daß es so viel als möglich Wasser saufe, und damit dieses erzielt werde, wird er trachten, daß den Thieren nicht nur ein reines Wasser vorgesetzt, sondern daß dasselbe auch durch Zusatz von Kleie, Mehl, Salz oder Oelkuchen angenehmer gemacht werde, damit sie gereizt werden, viel Wasser aufzunehmen.

Es ist daher sehr fehlerhaft, wenn man die Thiere zu einer Pfütze mit stehendem, unreinem, übelriechendem Wasser treibt, besonders im Sommer, wo das Wasser durch die große Hitze fast warm ist und von Gewürm und Ungeziefer aller Art wimmelt. Von einem solchen Wasser wird das Thier nur soviel saufen, als es die Noth dazu treibt. Daß eine solche Tränke auf die Milchergiebigkeit sowohl, als auch auf die Gesundheit der Thiere ungünstig einwirken müsse, liegt am Tage.

Wir dürfen nur einen Schluß vom Menschen auf das Thier machen, welcher in Hinsicht des Genusses des Wassers, ohne zu irren, wohl gemacht werden kann. Wie fühlt sich der Mensch nicht erquickt, besonders im heißen Sommer, durch einen Trunk frischen, reinen, klaren Wassers? Nur in äußerster Noth wird der Mensch seine Zuflucht nehmen zu einem abgestandenen, trüben, übelschmeckenden Wasser, sicher aber weniger davon zu sich nehmen als von frischem reinem Wasser. Welche Krankheiten von schlechtem Wasser herrühren, hat man schon längst erfahren.

Viele Beobachtungen bei Kühen und Kälbern haben mich

ganz überzeugt, daß diesen Thieren das unmittelbar aus dem Brunnen gekommene frische Wasser willkommener war als das abgestandene, und daß sie von jenem mehr tranken als von diesem.

Durch Versuche hat man gefunden, daß eine Kuh auf 100 Pfund lebenden Gewichts 4mal so viel Wasser zu sich nimmt, als sie trockene Substanz des Futters genießt. Sie wird also täglich auf genanntes Gewicht $3\frac{1}{3} \times 4 = 13\frac{1}{3}$ Pfd. und unsere Kuh mit 600 Pfd. lebenden Gewichts $13\frac{1}{3} \times 6$ oder $20 \times 4 = 80$ Pfund Wasser täglich brauchen. Dieses stimmt auch mit unsern Beobachtungen überein.

Die Kuh wird natürlich mehr Wasser zu sich nehmen, wenn sie ganz trockenes Futter erhält, und weniger oder gar kein Wasser saufen, wenn sie saftige Futterstoffe genießt. Erhält sie täglich, was im Sommer häufig der Fall ist, gegen 100 Pfd. grünen Klee, so bekommt sie damit 70—80 Pfd. Wasser, und dennoch säuft die Kuh täglich noch etwas Wasser. Aus dieser Menge genossenen Wassers ist es auch zum Theil zu erklären, warum die Kühe nach Grünfutter mehr Milch geben.

Da die Kuh nach dem Kalben die meiste Milch gibt, so braucht sie dazu auch mehr Wasser, als sonst, wo sie weniger Milch gibt. Daher soll man die Kuh kurz vor dem Kalben und längere Zeit nach dem Kalben nicht nur fleißig tränken, sondern ihr auch mehr saftige und flüssige Futterstoffe reichen, weil sie mit dem Futter zugleich mehr Wasser säuft, als wenn sie dieses allein erhält.

Es fragt sich noch: Wie oft und wann soll man tränken? In den meisten Stallungen wird täglich nur einmal getränkt. Dieses halte ich für zu wenig. Ein zweimaliges Tränken im Tage ist noch nicht ganz ausreichend, wie ich mich überzeugt habe. Ich habe beim zweimaligen, ja sogar beim dreimaligen Tränken beobachtet, daß die Thiere vor der Fütterung so von Durst geplagt wurden, daß sie kein Futter anrührten und dasselbe erst fraßen, nachdem ich ihnen Wasser vorsetzen ließ.

Deshalb habe ich auch des Tags 6mal tränken lassen, und zwar vor und nach jeder der 3 Mahlzeiten. Folgende Wirkungen habe ich davon beobachtet:

1) Die Thiere haben besser und mehr gefressen und selbst schlechtere Futterstoffe nicht verschmäht.

2) Ich habe bemerkt, daß das Tränken vor der Fütterung, insbesondere mit frischem Wasser vor dem Melken vortheilhaft auf die Milchergiebigkeit einwirkt.

Ein sechsmaliges Tränken ist freilich nur bei einem kleinen Viehstande möglich.

In den meisten Stallungen legt man auf das Tränken gewöhnlich noch viel zu wenig Werth. Man begeht dabei viele Fehler und wird selten durch den Schaden klug, indem man ihn entweder gar nicht bemerkt, oder falls man einen Nachtheil bemerkt, auch nicht im entferntesten der Meinung ist, daß er vom Tränken herrühren könne. Wenn wir den Gebrauch des frischen Wassers so sehr empfehlen, so sind wir keineswegs der Meinung, daß man, wie es im Winter sehr oft geschieht, den Thieren eiskaltes Wasser zum Saufen gebe, indem man das Vieh entweder zu einem Bache oder Teiche treibt oder aus diesen ihnen das Wasser zuschafft. Ein solches Wasser hat gewöhnlich eine Temperatur von 4 Graden Wärme, während das Brunnen- und Quellwasser eine Temperatur von 9—10 Graden hat. Insbesondere muß ich nach mehrfach gemachten Erfahrungen warnen, einer Kuh, welche eben erst gekalbt hat, zu kaltes Wasser vorzusetzen, weil daraus oft gefährliche Krankheiten entstehen.

16. Salz.

Obgleich die Futterstoffe unter den Bestandtheilen, aus denen sie zusammengesetzt sind, Salze, und insbesondere auch Kochsalz enthalten, so ist es doch ganz sicher, daß die Thiere, sowie die Menschen eine Zugabe von Salz zum Futter sehr lieben, und daß es ihnen auch wohl bekommt. Man kann sich die Liebe und Zuneigung der Thiere vom kleinsten Kalbe an bis zum alten Thiere nicht schneller und stärker erwerben, als wenn man täglich oder auch nur von Zeit zu Zeit etwas Salz in den Stall mitbringt und einige Körner davon ihnen auf das Maul fallen läßt. Es ist dieß für sie ein wahrer Leckerbissen.

Das Salz hat eine nähere oder unmittelbare und eine entferntere oder mittelbare Wirkung.

Die nähere oder unmittelbare Wirkung ist wieder eine zweifache, und zwar:

a) auf die Futterstoffe,
b) auf die Verdauungsorgane.

Die Wirkung des Salzes auf die Futterstoffe besteht darin, daß es diese angenehmer macht und zum Genusse selbst geringerer Futterstoffe reizt; daß es etwas verdorbenes Futter weniger schädlich oder vielleicht ganz unschädlich macht. Die härteren Futterstoffe werden durch das Salz mürber und löslicher gemacht, also daß mehr nährende Theile aus denselben gezogen werden können.

Sehr stark wirkt das Salz auf die Verdauungsorgane, indem es die zur Verdauung nothwendigen Säfte im Maule, Magen und Darmkanale mehr absondert und sie in ihrer Wirksamkeit dadurch verstärkt, daß es das im Magensafte ohnehin schon enthaltene Kochsalz vermehrt.

Daß das Salz sehr viel zur Verdauung beitrage, haben

Versuche gelehrt. Man legte nämlich rohes Fleisch in Salzsäure, welche eine Wirkung hervorbrachte, die der Verdauung ähnlich ist. Daher haben Lehmann und Frerichs eine Beschleunigung der Verdauung in Folge kleiner Zusätze von Kochsalz beobachtet. Diese Beschleunigung ist nicht nur der Vermehrung des Salzes im Magensafte und in der Galle zuzuschreiben, sondern auch dem Umstande, daß sich der Magensaft durch den Reiz des Salzes auf die Magenwände reichlicher absondert und ansammelt, daher auch dadurch die Verdauung befördert und beschleunigt wird.

Der Speichelsaft enthält wohl mehr Kali und weniger Kochsalz; allein auch seine Absonderung wird durch Zusatz von Salz vermehrt, so wie er dadurch auch zugleich reicher an Kochsalz wird. Da nun der Speichel die Verdauung einleitet und vorbereitet, so ist es sicher, daß das Kochsalz auch auf diesem Wege die Verdauung beschleunigt.

Die Verdauungskraft wird vorzugsweise beim Genusse von Nahrungsmitteln aus dem Pflanzenreiche mehr in Anspruch genommen, daher hierbei eine Salzzugabe sehr ersprießlich, ja nothwendig ist. Die Nahrungsmittel aus dem Pflanzenreiche brauchen eine weitere Umarbeitung durch Magensaft und Galle, wenn die daraus entstandenen Nahrungssäfte eine größere Aehnlichkeit mit den Stoffen des Blutes erhalten sollen; dazu kommt noch, daß einige dieser Nahrungsstoffe aus dem Pflanzenreiche, wie z. B. der Faserstoff, sehr schwer zu verdauen sind. So kommt z. B. das Stärkemehl, ein im Wasser unlöslicher Stoff, als solcher im Blute nicht vor. Speichel und Magensaft verwandeln aber das unlösliche Stärkemehl in Zucker; die Galle aber, der Magen- und Darmsaft verwandeln den Zucker weiter in Fett. Zucker und Fett sind aber Bestandtheile des Blutes.

Eine solche weitere Umwandelung durch die Verdauung erfordert auch der Käsestoff, indem er im Magen erst in einen eiweißartigen Körper übergeführt werden muß, ehe er ein Bestandtheil des Blutes werden kann. Eine solche Umwandlung kostet aber immer einen größeren Aufwand von Verdauungskraft. Fleischfressende Thiere genießen in ihrer Nahrung Stoffe, welche schon an und für sich mehr Aehnlichkeit mit den Bestandtheilen des Blutes haben und durch die Verdauung keiner bedeutenden Umwandlung bedürfen.

Das Salz kommt aber als Zugabe bei den Nahrungsstoffen auf einem doppelten, auf einem längeren und auf einem kürzeren Wege in den Magen- und Gallensaft. Einmal gelangt das Salz auf dem kürzeren und unmittelbaren Wege durch die Nahrungsmittel in den Magen und wird hier mit dem Magen- und Gallensaft vermischt, das anderemal kommt das Kochsalz durch die Verdauung ins Blut und durch dieses mittelbar in den Knorpel, in den Magen- und Gallensaft.

Die entfernteren oder mittelbaren Wirkungen des Salzes beziehen sich auf das äußere Aussehen, auf die Munterkeit und Kraft der Thiere und bei den Melkkühen insbesondere auf die Milchergiebigkeit.

In Hinsicht des äußeren Aussehens ist wohl Niemand im Zweifel, daß das Salz viel wirke. Jeder Landwirth weiß, daß Salz glatte, glänzende Haare macht, daher er gegen das Frühjahr hin seinen Thieren gern eine größere oder geringere Gabe von Salz opfert, damit, wie er zu sagen pflegt, die Thiere sich besser hären. Die alten, langen, struppigen Haare, die sogenannten Winterhaare, bei weniger edlen Thieren lassen sich beim Putzen leichter entfernen, und es erscheinen glänzendere, kürzere, glattere Haare, welche dem Thiere ein besseres Aussehen geben.

Das bessere äußere Aussehen, die größere Munterkeit und insbesondere das stärkere Hären nach längerem und stärkerem Salzgenusse bei demselben Futterquantum kann nur darin seinen Grund haben, daß das Thier aus dem Futter mehr nährende Theile durch den oben angegebenen Einfluß des Salzes auf das Futter und die Verdauungsorgane aufnimmt, dadurch aber auch mehr ausgefleischt wird und mehr Kraft erhält.

Niemand wird zweifeln, daß das Salz mit den Nahrungsmitteln genossen auch in den daraus bereiteten Nahrungssaft, in das Blut und durch dasselbe in alle Theile des Körpers geführt werde. Jedermann weiß, wie überaus reizbar das Salz auf die Zunge einwirkt; eben so reizbar wirkt das Salz, übergegangen in alle Theile des Körpers, auf letztere ein; daher ist die gesteigerte Thätigkeit, die erhöhte Kraft, die größere Munterkeit zu erklären.

Boussingault hat dieses Alles durch komparative Versuche außer allen Zweifel gesetzt, und ich habe die Erfahrung in einem Stalle gemacht, wo man Kühen von 500—800 Pfdn. lebenden Gewichts täglich nur 14½ Pfd. Heuwerth als Futter reichte, dieses Futter aber mit 2 Loth Salz auf ein Stück versetzte, daß diese Kühe bei der relativ sehr geringen Futterportion für den Tag so gut bestanden, daß sie selbst für die Fleischbank getaugt hätten.

Eine andere und zwar sehr wichtige Frage ist die Einwirkung des Salzes auf die Milchergiebigkeit. Wenn das Salz einen so merkbaren Einfluß auf das äußere Aussehen, auf die Munterkeit und Kraft des Thieres hat und in demselben eine gesteigerte Thätigkeit hervorbringt, so sollte man schon daraus mit höchster Wahrscheinlichkeit schließen, daß das Salz, wenn auch nicht einen direkten, so doch indirekten Einfluß auf die Milchergiebigkeit haben müsse.

Wir wollen hier in dieser Hinsicht unsere eigenen Versuche anführen. Jede von den obigen Kühen bekam, wie schon erwähnt wurde, täglich 2 Loth Salz von jenem Salze, welches in Oesterreich als Viehsalz bereitet und verkauft wird. Dieses Salz wurde mit den Oelkuchen, wovon 1 Pfd. auf das Stück kommt, in Wasser aufgelöst und damit der Häcksel und die

Siede angemacht. Außer diesem Futter bekam jedes Stück noch so viel Futterstroh und andere Abfälle von Stroh, daß es in Summa täglich 14½ Pfd. Heuwerth erhielt.

Bemerkt muß werden, daß bei dieser Werthschätzung die verwendeten Futterstoffe noch ungewöhnlich hoch in Rechnung gebracht wurden.

Vom 25. Dezember 1854 an wurde das Salz weggelassen, welches früher schon durch mehre Monate in gleicher Quantität gegeben worden war. Nach 14 Tagen, und zwar am 7. Januar 1855 wurde das Salz wieder in derselben Quantität gereicht und damit fortgefahren.

Es wurden täglich 18 Stück Kühe gemolken, welche sämmtlich altmelkend und mehre davon nicht weit mehr vom Kalben entfernt waren. Darum fiel das Milchquantum von Tag zu Tag.

Seit dem Monate August wurde das täglich früh, Mittags und Abends erhaltene Milchquantum gemessen und in einem eigens dazu verfertigten Register verzeichnet.

Wir theilen hier die Milchmenge mit von 14 Tagen vor dem Aufhören der Salzgabe, dann endlich die Milchmenge von den 14 Tagen ohne Salzgabe und endlich die Milchmenge in den 14 Tagen, wo wieder angefangen wurde, Salz zu geben. Die Fütterung war lange vorher und auch durch die 6 Versuchswochen ganz gleich, nicht nur dem Werthe, sondern auch den Stoffen nach. Die Summe der Seidel-Milch von allen 18 Kühen betrug von den

14 Tagen vor der Salzentziehung 3412 Seidel
14 „ während „ 3049 „
14 „ nach „ 3113 „

Es ist überhaupt sehr schwierig, bei den gewöhnlich obwaltenden Milchschwankungen genaue Berechnungen über den Einfluß irgend eines Umstandes anzustellen und die Resultate eben so genau darzustellen.

Schon der erste flüchtige Blick auf obige Zahlen zeigt eine Abnahme der Milch während der Periode ohne Salzgabe; wir finden aber auch eine starke Abnahme in der dritten Periode im Vergleiche zu der ersten, wenn auch das Milchquantum etwas stärker ist, als in der zweiten Periode. Die Abnahme in der dritten Periode gegen jene in der ersten Periode ist sehr leicht zu erklären aus der allmähligen Abnahme der Milch bei allen Milchkühen, daher diese Abnahme ebenso sehr erfolgt wäre bei der Salzgabe wie ohne dieselbe. Uns liegt aber daran, die auf die zweite Periode entfallende Abnahme der Milch, welche durch die Weglassung des Salzes allein verursacht wurde, etwas genauer zu erfahren, wobei wir auf folgende Weise verfahren müssen.

Zuerst müssen wir berechnen, welches Milchquantum auf die zweite Periode entfallen wäre bei nicht unterbrochener Salzgabe. Ohne einen großen Irrthum zu begehen, können wir eine gleichförmige Abnahme annehmen; wir hätten also nur das mittlere Quantum für die zweite Periode zu suchen, welches dadurch gefunden wird, daß wir die Milchmengen von der ersten und zweiten Periode addiren und durch 2 theilen. Wir erhalten dann 3412 + 3113 = 6525/2 = 3262 Seidel Milch für die zweite Periode, wenn die gewöhnliche Salzgabe auch in dieser fortgesetzt worden wäre. Ohne Salzgabe erhielt man aber nur 3049 Seidel Milch, also 213 Seidel Milch weniger.

Wir wollen nun noch berechnen, ob bei der Salzentziehung ein Gewinn oder ein Verlust stattfand, und wie groß der eine von beiden gewesen war.

Da die 18 Stück Kühe nach der gewöhnlichen Passirung in den 14 Tagen der zweiten Periode 15 3/4 Pfund Salz erhalten hätten, welche einen Werth von 48 Kreuzern haben, man ihnen dieses Salz aber nicht gab, so ersparte man sich die Ausgabe von 48 Kreuzern. Rechnet man das Seidel Milch um 3/4 Kreuzer, so machen 213 Seidel ungefähr 2 fl.

40 Kreuzer C.-M., welche man ohne Salz weniger erhielte. Zieht man die ersparten 48 Kreuzer ab, so bleibt ein Verlust von 1 fl. 52 Kreuzern, welcher auf 14 Tage bedeutend genug ist.

Es bewährt sich also das Sprüchwort: 1 Pfund Salz gibt 1 Pfund Schmalz, zwar nicht im buchstäblichen Sinne, aber doch in dem Sinne, welchen es ausdrücken soll.

Leider ist zu bedauern, daß ich den Einfluß des Salzes auf die Qualität der Milch nicht untersuchen konnte; ich glaube aber ganz sicher, daß auch in dieser Hinsicht eine günstige Wirkung anzunehmen sei.

Wir haben die Erfahrung gemacht, daß das Vieh jenes Salz, welches als Viehsalz in den Handel kommt, nicht leicht zu sich nimmt, wenn man es ihm, z. B. mit Kleien vermischt, alle 8 oder 14 Tage einmal als sogenannte Lecke in etwas größeren Portionen vorlegt. Selbst auf Brod gestreut verschmähten die Thiere dieses Salz. Das Futter, und wäre es auch das beste, rührten die Thiere nicht an, wenn es mit Viehsalz bestreut wurde. Gewöhnliches Kochsalz ist ihnen angenehmer. Ich ging daher von der frühern Gewohnheit, Lecke zu geben, ab, mischte vielmehr das Salz täglich verhältnißmäßig unter das Futter, indem es vorher in Wasser aufgelöst wurde.

Wem also an der Viehzucht und an seinem eigenen Nutzen etwas gelegen ist, der unterlasse es ja nicht, vom Salze Gebrauch zu machen. Wenn es auch kein so genanntes und bekanntes Nahrungsmittel ist, so ist es doch mehr als eine bloße Würze des Futters, und mit einer gar kleinen Gabe kann man große Wirkungen hervorbringen und vielleicht mancher Krankheit und manchem Viehfall vorbeugen.

Wenn auch auf die Salzgabe keine Vermehrung der Milch und keine Verbesserung ihrer Qualität erfolgen sollte, so würde der unleugbar günstige Einfluß des Salzes auf das Wohlbefinden und das gute Aussehen der Thiere allein schon die Auslagen für dasselbe vergüten.

17. Heuwerth.

Wir haben bisher nur, immer vom Heu als Futter gesprochen, weil die Versuche, wie wir gezeigt haben, sowohl um die Futtermenge zur vollständigen Sättigung und Ernährung als auch um die Produktion daraus zu erfahren, am sichersten mit Heu als dem natürlichsten Futter angestellt werden können.

Was man durch diese Versuche mit Heu annäherungsweise — denn nur so viel kann man davon aussagen — in Hinsicht der vollständigen Sättigung und Ernährung sowohl als auch des Erhaltungs= und Produktionsfutters festgestellt hat, gilt auch annäherungsweise von den andern Futterstoffen, insofern sie nach dem Verhältnisse ihrer Nahrhaftigkeit die Stelle des Heues vertreten.

Alle unsere Futterstoffe haben einen gewissen Werth, die einen bei gleichem Gewichte einen größern, die andern einen geringern Werth als das Heu, wenn man ihre Nahrhaftigkeit in Betrachtung zieht. Jene werden kräftige, intensiv nährende, diese nahrungsarme Futterstoffe genannt.

Bestimmt man durch wirkliche Fütterungsversuche oder durch chemische Untersuchungen den Werth der verschiedenen Futterstoffe im Verhältnisse zum Heu, so nennt man dieses ihren Heuwerth. Sagt man: 220 Pfund Runkelrüben oder 59 Pfund Hafer haben einen Nahrungswerth wie 100 Pfund Heu, so heißt dieses eben so viel als: 220 Pfund Runkelrüben oder 59 Pfund Hafer haben eben so viel nährende Theile als 100 Pfund Heu.

Wenden wir außer dem Heu zur Fütterung noch andere Futterstoffe an, welche wir nicht besser und anderweitig verwerthen können, und deren gibt es in einer Wirthschaft sehr viele, so müssen wir vor allem Andern ihren Heuwerth kennen, um dem Thiere davon so viel geben zu können, daß ihr Nahrungswerth jenem Quantum von Heu gleichkommt, welches das Thier im Verhältnisse zu seinem lebenden Gewichte zur vollkommenen Sättigung und Ernährung erhalten soll. Dann können wir aber auch beinahe dieselben Erfolge in Hinsicht der Erhaltung des Thieres und seiner Produktion wie von der Heufütterung erwarten.

18. Heuwerth der verschiedenen Futterstoffe.

Folgende Futterstoffe haben in dem angegebenen Gewichte eben denselben Nahrungswerth wie 100 Pfund Heu, oder 100 Pfund Heu sind gleich an Nahrungswerth:

51 Pfund Roggen,
45 „ Weizen,
54 „ Gerste,
59 „ Hafer,
32 „ Kukuruz (Mais),
57 „ Buchweizen,
45 „ Erbsen,
64 „ Pferdebohnen,
50 „ Wicken,
89 „ Heu von Esparsette,
98 „ „ „ Luzerne,
88 „ „ „ Brabanter Klee,
106 „ „ „ Wicken,
90 „ „ „ Spergel,
163 „ Linsenstroh,
153 „ Erbsenstroh,
159 „ Wickenstroh,
290 „ Gerstenstroh,

235 Pfund Haferstroh,
400 „ Maisstroh,
440 „ Roggenstroh,
500 „ Weizenstroh,
200 „ Kartoffeln,
220 „ Runkelrüben,
270 „ Möhren,
350 „ Krautrüben,
52 „ Rapskuchen,
48 „ Leinkuchen,
400 „ Gras,
500 „ grüner Klee,
550 „ grüner Spergel,
600 „ „ Mischling,
800 „ „ Krautblätter,
800 „ Rübenblätter,
400 Maß Kartoffelschlempe,
120 „ Kornschlempe,
400 Pfund feuchte Rübenpreßlinge,
150 „ Weizen= oder Roggenkleie,
200 „ Gerste= oder Haferkleie,
150 „ Abrechlinge von gedroschenen Getreidegarben,
150 „ Siebe vom Reinigen der Getreidekörner.

19. Futteräquivalente.

Man war bemüht, wie wir schon erwähnt haben, durch wirkliche Fütterungsversuche und durch chemische Untersuchungen den Nahrungswerth der verschiedenen Futterstoffe im Verhältnisse zum Heu zu bestimmen, wie wir eben in der vorhergehenden Tabelle gezeigt haben. Dadurch lernte man aber

nicht nur ihr Verhältniß zum Heu in Hinsicht der Nahrhaf=
haftigkeit, sondern auch ihr Verhältniß in derselben Hinsicht
zu einander kennen, und man war nicht nur im Stande, eine
Portion Heu durch einen andern Futterstoff, sondern auch
jeden Futterstoff durch einen andern in dem Verhältnisse zu
ersetzen, daß das Vieh wie durch Heu eine vollkommene Sät=
tigung und Ernährung erhielt.

Man drückt die gleiche Nahrhaftigkeit der verschiedenen
Futterstoffe nach ihrem Gewichte aus und nennt diese Ge=
wichte, nach denen die Futterstoffe gleiche nährende Theile
enthalten, Futteräquivalente, weil ein Futterstoff nach einem
bestimmten Gewichte die Stelle eines andern Futterstoffes
gleichfalls nach einem bestimmten Gewichte zu vertreten im
Stande ist und in Hinsicht seiner Wirkung fast gleiche Er=
folge und Dienste leistet.

Es sind also die im vorigen Paragraphe angeführten Fut=
terstoffe nach den angegebenen Gewichten an Nahrungskraft
nicht nur 100 Pfunden Heu gleich, sondern sie sind auch unter
einander nach den angegebenen Gewichten gleich, in Hinsicht
der nährenden Theile. Es sind also einander gleich und
können einander ersetzen: 51 Pfd. Roggen, 45 Pfd. Weizen,
54 Pfd. Gerste, 59 Pfd. Hafer, 32 Pfd. Kukuruz u. s. w.

Wir müssen aber bemerken, daß bei dieser Vergleichung
nur ein ungefährer Durchschnitt angenommen worden ist, und
daß die Nahrhaftigkeit bald größer, bald geringer sein könne
bei einem und demselben Futterstoffe, je nach der Verschie=
denheit des Bodens, der Cultur, des Klimas, der Witterung,
der Reife, der Einbringung, der Aufbewahrung, der Zube=
reitung u. s. w. Um nur einige Beispiele anzuführen, so
bemerken wir, daß unter dem Heu selbst eine große Verschie=
denheit in der Nahrhaftigkeit existirt, je nachdem es aus
jüngerem oder älterem Grase bereitet wurde; ob es beim
Trocknen durch Regen litt oder nicht; ob es von einer nassen

oder trocknen Wiese ist; ob es diese oder jene Gräser hat. Dasselbe gilt auch von Klee- und jedem andern Heu. Stroh, Siebe, Abrechlinge, mit vielem Grase versehen, haben einen weit größern Futterwerth als ohne dieses. Kartoffeln können viel Stärkemehl enthalten und also weit nahrhafter sein, als in der Tabelle angegeben ist, u. s. w.

Bei der Bestimmung der Futterportion nach dem Heuwerthe ist daher sehr zu berücksichtigen der größere oder geringere Werth eines und desselben Futterstoffes, und obige Tabelle gibt eigentlich nur Anhaltepunkte, nach welchen man sich nicht mit aller Strenge richten muß; der verständige Landwirth wird vielmehr manche Abänderungen vornehmen, wenn er sie als zweckmäßig erkennt. Wir werden aber später zeigen, daß eine durchschnittliche Berechnung der Futterportionen für jedes Stück Vieh, so wie die Kenntniß des Nahrungsgehaltes aller Futterstoffe sehr nützliche Dienste leistet, ja sogar unumgänglich nothwendig ist, wenn der Landwirth zu seinem eigenen Schaden nicht im Finstern herumtappen will.

20. Nähere Verständigung über Futteräquivalente.

Man würde bei der Fütterung der Thiere sehr fehlen, wenn man sich beirren ließe durch den Ausdruck: Futteräquivalent, welcher eigentlich aussagt, daß ein gewisses Gewicht von einem Futterstoffe so nährt, als ein gewisses Gewicht von einem andern Futterstoffe, und daß daher einer die Stelle des andern vertreten könne. Dieses läßt sich in der Praxis nur bei wenigen Futterstoffen anwenden, und zwar nur bei denjenigen Futterstoffen, welche dem Heu am ähnlichsten sind, z. B. bei Klee, Wicken, Gemeng, Spergel, Heu.

Unmöglich ist dieser Ersatz bei den meisten Futterstoffen, wenn irgend einer davon ganz allein als Futter dienen sollte. So sind z. B. 10 Pfund Roggen gleich 20 Pfund Heu. Wollte man nun einer Kuh statt 20 Pfund Heu 10 Pfund Roggen geben, so würde sie wohl im Roggen eben so viele nährende Theile erhalten, als im Heu. Da aber 10 Pfund Roggen gegen das Heu ein sehr kleines Volumen haben, so würde der Magen der Kuh sehr leer bleiben und das unangenehme Gefühl des Hungers nicht gestillt werden, wenn nicht ein anderer nahrungsarmer Futterstoff, wie z. B. Häcksel, zur gehörigen Ausfüllung der Verdauungsorgane noch dazu verwendet würde. Die Kuh würde nach und nach abmagern und nichts produziren.

Oder man wollte einer Kuh statt 20 Pfund Heu 40 bis 50 Pfund Wurzeln geben, so würde ihr dieses Futter in mehrfacher Rücksicht nicht zusagen, besonders, wenn man es ihr auf längere Zeit verabreichte. Zuerst greift dieses Futter im rohen Zustande als ein mehr unnatürliches die Kau- und Verdauungswerkzeuge zu sehr an; dann sind in diesem Futterstoffe im Verhältnisse zu den trockenen Theilen zu viele flüssige enthalten. In 40 Pfund Wurzeln oder Knollen sind gegen 34 Pfund Wasser und nur gegen 5—6 Pfund trockne Substanz enthalten, welche letztere den Magen nicht verhältnißmäßig ausfüllen.

Oder wollte ich statt 20 Pfund Heu 80 bis 100 Pfund Roggen- oder Weizenstroh verabreichen, so würde letzteres ein so großes Volumen einnehmen, daß eine Kuh nicht im Stande wäre, es in einem Tage aufzuzehren; auch würden die Verdauungswerkzeuge nicht Raum genug haben, um ein so großes Volumen aufzunehmen. Wenn schon 20 Pfd. Heu die Verdauungsorgane verhältnißmäßig ausfüllen können, wie ist zu erwarten, daß das Thier ein 4—5mal größeres Volumen von Roggen- oder Weizenstroh aufnehmen könne? Dann muß noch in Erwägung gezogen werden, daß das Thier ein so hartes, nahrungsarmes, geschmackloses Futter nicht gerne genießt und es größtentheils liegen läßt. Die Folgen von vieler Strohfütterung sind gänzliche Abmagerung, Befall von Läusen, gänzliche Untauglichkeit des Thieres zu irgend einem Dienste, Krankheit und endlich der Tod. Daß dem so sei, lehrt die Erfahrung nur zu häufig. Ein Kurschmied erzählte mir, daß er von dem Besitzer eines Gutes gerufen worden sei, weil alle seine Kühe für krank gehalten wurden. Der Kurschmied untersuchte den Zustand der Kühe, fragte nach der Fütterung und hatte gar bald die Ursache der anscheinenden Kränklichkeit, bezüglich Auszehrung gefunden in der fast alleinigen Fütterung mit Stroh. Sein Gutachten an den Gutsherrn lautete also: Die Kühe sind zwar noch nicht ernstlich bis zum Sterben erkrankt, aber es kann in Kurzem damit Ernst werden, wenn nicht schnelle Hilfe geschafft wird. Statt aus der Apotheke werde ich etwas aus dem Schüttboden verschreiben, und zwar für jede Kuh zum wenigsten 6 Pfund Schrot täglich. Es ist hier kein anderer Feind als die durch das bisher gereichte nahrungsarme Futter erzeugte Kraftlosigkeit der Thiere zu bekämpfen, und die 6 Pfund Schrot werden die beste Waffe dagegen sein. Dieses Mittel hat geholfen, der ganze Stall hatte sich in einigen Wochen merkbar gebessert und besserte sich zur Freude des Gutsherrn immer mehr.

Eben so wenig als sich das Heu auf die angegebene Weise durch ein anderes Futtermittel ersetzen läßt, können die verschiedenen Futterstoffe durch einander ersetzt werden, wenn nicht mehr oder weniger Nachtheile für die Thiere eintreten sollen.

Die Kunst des Landwirthes besteht darin, daß er die verschiedenen, ihm zu Gebote stehenden Futterstoffe so zusammensetzt, daß sie dem Volumen oder dem Raume nach, den sie einnehmen, die Verdauungswerkzeuge gleich dem Heu ausfüllen, d. h. daß sie im trockenen Zustande eben so viel Raum einnehmen, als die zur Sättigung nothwendige Heuportion, daß sie dabei eben so viele nährende Theile besitzen als die Heuportion.

21. Nothwendigkeit der Zusammensetzung der Futterportion aus verschiedenen Futterstoffen.

Der Landwirth hat in der Regel sehr viele und verschiedenartige Futterstoffe, welche bei gleichem Gewichte einen sehr ungleichen Nahrungs- oder Heuwerth haben. Es ist unmöglich, ja es würde sogar oft höchst gefährlich sein, einen Futterstoff nach dem andern ganz allein zu verfüttern, wie wir eben schon vielfach gezeigt haben. Die Zusammensetzung des Futters aus verschiedenen Stoffen ist besonders bei der Winterfütterung nothwendig, bei welcher gewöhnlich Futterstoffe vorkommen, welche von den Eigenschaften des Grases, des Klees, des Heues und anderer Grünfütterungen, welche im Sommer stattfinden und für das Melkvieh die natürlichsten und angemessensten sind, mehr oder weniger abweichen.

Je zusammengesetzter das zu verabreichende Futter ist, desto vortheilhafter wird es wirken. Das gemischte Futter gewährt den Vortheil, daß die allenfalls schädlichen Einwirkungen des einen Futterstoffes durch den andern aufgehoben und verbessert werden; daß die Auflösung im Magen und die Verdauung daselbst befördert wird und das Thier alle jene Stoffe erhält, welche zur Bildung der so mannichfaltigen Produkte im thierischen Körper nothwendig sind.

Die zwei vorzüglichsten Stoffe, welche das Thier für die Erhaltung seines innern Organismus braucht, sind Kohlenstoff und Stickstoff. Jenen braucht es zum Athmen und zum Erwärmen, diesen zur Blutbildung. Nun ist es erwiesen, daß es Stoffe gibt, welche von dem einen oder dem andern mehr oder weniger oder gar nichts besitzen; so gibt es z. B. ganz stickstofffreie Materie.

Neben den 2 Hauptstoffen, dem Kohlen= und Stickstoff, braucht das Thier auch Kalk zur Knochenbildung, verschiedene Salze besonders für den Magensaft, Eisen zur Bildung des Blutes u. a. m. Wir wissen aber wieder, daß alle diese Stoffe nicht in allen Futtermitteln in gleicher Menge, manche gar nicht vorhanden sind.

Bei der Melkkuh, welche Milch produzirt, sind noch mannichfaltigere Stoffe nothwendig. Eine so einfache Flüssigkeit wie die Milch zu sein scheint, so besteht sie doch aus sehr vielen verschiedenartigen Stoffen; sie ist zusammengesetzt aus Fett, Käse, Milchzucker, Wasser, verschiedenen Salzen u. s. w. Alle diese einzelnen Stoffe sind wieder nicht immer in einem einzigen Futtermittel in angemessenem Verhältnisse vorhanden. Davon machen vielleicht nur Gras, Klee, Heu und noch einige wenige Futterstoffe, welche dem Heu am ähnlichsten sind, eine Ausnahme.

Erhält die Kuh in ihrem Futter nicht alle zur Produzirung von Milch nothwendigen Stoffe, so liefert sie eine schlechte Milch, wovon nicht wenige Beispiele vorkommen, oder die Kuh muß auf Unkosten der Stoffe ihres Körpers die fehlenden Materien zur Milch liefern, was ohne Gefahr für ihr gutes Aussehen und für ihre Gesundheit nicht lange dauern kann.

Nur das Gras, welches der Kuh von der Natur als Nahrung angewiesen ist, und alle dem Grase nahe verwandten Futterkräuter haben alle Bestandtheile der Milch in sich.

Vom Grase gilt dieses, wenn es Wiesengras ist, vorzugsweise, da das sogenannte Wiesengras aus verschiedenen Pflanzen besteht.

22. Regeln bei der Zusammensetzung der Futterportionen.

Der Landwirth soll diejenigen Futterstoffe, welche dem Gewichte nach mehr nähren als Heu, mit jenen mischen, welche weniger nähren als Heu, z. B. Körnerschrot mit Stroh zu Häckerling geschnitten. Wir wählen hier wieder eine Kuh von 600 Pfund lebenden Gewichts, welche täglich 20 Pfund Heu bekommen soll, wovon bei täglich 3 Mahlzeiten auf eine etwa 7 Pfund Heu fallen. Der Nahrungswerth des Häckerlings soll gar nicht in Rechnung gebracht werden, weil er zu gering ist. Der Häckerling soll vielmehr nur zur Ausfüllung des Magens dienen. 20 Pfund Heu sind in der Ernährung gleich 10 Pfunden Roggenschrot. Unter diese 10 Pfund Roggenschrot werde ich ungefähr 15—20 Pfund Häckerling mischen, so daß also auf eine Mahlzeit etwa 3 Pfund Schrot und 5—7 Pfund Häckerling kommen. Will man Oelkuchen verwenden, so gibt man täglich einer Melkkuh nicht gerne mehr als 2 Pfund. Man könnte also von den 10 Pfund Schrot 2 Pfund abbrechen und mit 2 Pfund Oelkuchen ersetzen. Hat man sehr gute, mit vielem Gras versetzte Roggensiebe, wovon 1 Pfund fast einem Pfunde Heu gleich ist und dabei fast ein eben so großes Volumen einnimmt wie das Heu, so kann man statt 15 bis 20 Pfund Häckerling nur die Hälfte davon nehmen, nämlich 8—10 Pfund; dafür gibt man 8—10 Pfund Siebe. Da aber diese, wenn sie viel Grastheile enthält, fast gleichen

Werth mit dem Heu hat, so wird man 4—5 Pfund Schrot weniger, also beinahe nur 5—6 Pfund geben.

Zum Verwandeln der Körner in Schrot empfiehlt sich unter den verschiedenen, in neuerer und neuester Zeit empfohlenen Maschinen die Stahlschrotemühle von Whitmee und Chapman ganz besonders. Dieselbe wird in verschiedenen Größen hergestellt. Die kleinste, für einen Mann berechnet, eignet sich ihres billigen Preises halber (30 fl. Silber, 20 Thlr.) auch für kleine Wirthschaften ganz besonders. Sie ist für alle Getreidearten und Hülsenfrüchte gleich gut geeignet und liefert ein vortreffliches Produkt. Unter den deutschen Schrotmühlen verdient die rheinische Empfehlung. Auch zum Zerkleinern der Oelkuchen hat man in neuester Zeit besondere Maschinen angefertigt, die Oelkuchenbrecher. Kleinere Wirthschaften, die wir hier zunächst im Auge haben, dürften aber wohl selten in die Lage kommen, von einer solchen Maschine Gebrauch zu machen, weil die Verfütterung von Oelkuchen hier in der Regel nicht so umfangreich ist. Wo indessen viel Oelkuchen verfüttert werden, da empfiehlt sich die Anschaffung einer solchen Maschine.

Zum Zerkleinern des Strohes bedient man sich in den meisten kleineren Wirthschaften noch der bekannten s. g. Häckselladen, während auf mittlern und größern Gütern die in neuester Zeit in so großer Menge und mannichfaltig construirten Häckselmaschinen mehr und mehr Eingang gefunden haben. Wo die Verfütterung von Stroh nur irgendwie bedeutend ist, da empfiehlt sich die Anschaffung einer solchen Maschine von selbst, da ihre Leistungen die der gewöhnlichen Häckselladen weit hinter sich lassen. Für größere Güter empfiehlt sich von den verschiedenen neueren Constructionen die Leicester'sche, die Salmon'sche, Paßmor'sche, Cornes'sche Häckselmaschine, sowie die von Smith und Ashby (Fig. 1.) mit Sicherheitshebel; für mittlere Wirthschaften ist Dean's Häckselmaschine, die beistehend abgebildet ist (Fig. 2.), besonders geeignet; sie ist einfach gebaut und leicht von einem Orte zum andern zu bewegen; betrieben

Fig. 1.

wird sie durch einen Mann, und sie liefert in der Stunde 400 bis 600 Pfd. Häcksel, den sie in zwei Längen schneidet. Ihr Preis (54 fl. Silber, 36 Thlr.) ist ein mäßiger. Auch Bibbel's Patenthäckselmaschine verdient für mittlere Wirthschaften Empfehlung. Sie leistet dasselbe wie die Dean'sche Maschine; sie schneidet eine beliebige Anzahl Häcksellängen. Ihr Preis beträgt 68 fl. Silber (45 Thlr.). Für kleine Wirthschaften geeignet ist die neue englische kleine Häckselmaschine (Fig. 3.). Sie wird durch einen Mann betrieben und kostet 45 fl. Silber (30 Thlr.).

Bei Wurzel- und Knollenfütterung wird auf 2 Gewichtstheile derselben ein Gewichtstheil Rauhfutter gegeben werden müssen. Man füttert z. B. mit obiger Kuh Runkelrüben mit Häckerling, so wird man gegen 40 Pfund Runkelrüben und gegen 20 Pfd. Häckerling nehmen. Fügt man noch 10 Pfd. Gerstenstroh hinzu, so kann man die Hälfte Häckerling weg-

Fig. 2.

lassen. Da aber 2 bis 3 Pfund Gerstenstroh einen Nahrungswerth von 1 Pfund Heu haben, so kann man auch von den 40 Pfd. Runkelrüben 6—7 Pfd., und ist das Gerstenstroh sehr gut, auch 8—10 Pfund abbrechen. Es versteht sich, daß das Gerstenstroh mit Runkelrüben nicht vermischt werden kann, sondern daß es erst dann vorgelegt werde, wenn die Runkelrüben mit dem Häckerling verzehrt sind. Bei den Runkelrüben und den übrigen Wurzeln und Knollen darf man das Volumen nicht nach dem Zustande berechnen, wie sie aus der Erde kommen; man muß den Wassergehalt abziehen, welcher bei

100 Pfund Gewicht der Rüben und Wurzeln oft 75 bis 90 Pfund beträgt und nicht als Nahrung, sondern nur als Tränke zu betrachten ist. 80 bis 100 Pfd. Gras oder grüner Klee haben ein viel größeres Volumen als 20 Pfd. Heu, und dennoch kann eine Kuh, welche mit 20 Pfd. täglich gesättigt wird, 80—100 Pfund Gras und noch darüber fressen; allein nimmt man das Wasser von diesen 80 bis 100 Pfunden Gras hinweg, so hat der trockene Rückstand eben kein größeres Gewicht und Volumen als die 20 Pfund Heu. Gerade derselbe Fall ist bei frischen Knollen und Wurzeln. Wenn man davon 40—50 Pfund täglich einer Kuh verabreicht, so erhält sie in denselben 8—10 Pfund trockene Substanz.

Fig. 3.

Milchkühe lieben überhaupt ein saftiges Futter und erfüllen bei einem solchen Futter den Zweck ihrer Haltung vollkommener. Zu dieser saftigen Fütterung im Winter gehören besonders Knollen und Wurzeln; man kann aber auch alle trockenen Futterstoffe in saftige, flüssige verwandeln.

Man kann die Rüben und Knollen gekocht oder gedämpft und auch roh verfüttern; gekocht und gedämpft sind sie gesunder und vermehren den Fleischansatz, und eine geringere Quantität wirkt eben so viel, als eine größere Quantität von gekochten. Werden Knollen und Wurzelwerk etwas stärker in rohem Zustande verfüttert, so geben die Kühe wohl viel

Milch, aber sie magern sichtbar ab, indem ihre Exkremente zu weich und ihre Zähne locker werden. Die Kartoffeln sollte man nie roh verfüttern, weil sie neben der vielen Flüssigkeit auch noch einen giftartigen Stoff besitzen, welcher den Thieren leicht gefährlich werden kann, aber durch das Kochen zum größten Theile entfernt wird. Auch von der Kartoffelschlempe hat man deßwegen traurige Erfahrungen machen müssen. Gekocht oder gedämpft sind die Kartoffeln für alle Thier ein ausgezeichnetes Futter.

Versuche, die man in neuester Zeit mit Milchkühen anstellte, haben ergeben, daß nach der Fütterung mit gedämpftem Futter gegenüber dem blos gebrühten nicht blos mehr, sondern namentlich auch bedeutend bessere Milch gewonnen wurde. Durch das Dämpfen werden zwar dem Futter keine Nahrungsstoffe zugefügt; indem aber die einzelnen Theile desselben vom Wasserdampf durchdrungen und dann mit Wasser angefüllt werden, geht es in einen leichter verdaulichen Zustand über und wird demzufolge mehr ausgenutzt; es wird eine größere Menge seiner Nährstoffe von dem thierischen Körper verarbeitet. Es haben z. B. 28 Pfund gedämpfte Siebe dieselbe Nährkraft wie 32 Pfd. nur angebrühte. Auch verzehren die Thiere von dem gedämpften Futter mehr als von dem nicht oder nur unvollständig aufgeschlossenen. Nach vielfachen Versuchen kann man annehmen, daß, wenn man für 2 Kühe und 1 Kalb bei der Dampffütterung täglich 30 bis 40 Pfd. Häcksel (1 Theil Heu und 2 Theile Stroh) nöthig hat, man bei trockener Fütterung 60 Pfund Futter braucht, und zwar 3 Theile Heu und 1 Pfund Stroh, und trotz der geringern Menge Futter bei der Dampffütterung ist das Vieh weit besser genährt. Nimmt man die Winterfütterung zu 5 Monaten an, und zieht man alle Vortheile der Dampffütterung, gegenüber der trocknen und kalten Fütterung, in Betracht, so kann man annehmen, daß durch das Dämpfen des Futters während der Winterfütterung für eine Kuh eine

Futterersparniß von 5 Ctnr. Heu und 5 Ctnr. Stroh eintritt. Unumgänglich nothwendig ist das Aufschließen des Futters durch Dämpfen, wenn dasselbe zum größten Theile aus Stroh besteht, wie dieses in futterarmen Jahren der Fall ist. Zum Dämpfen des Futters braucht man für das Stück Großvieh täglich höchstens 3 Pfd. Buchenholz. Es kann dazu jeder Dampfkessel angewendet werden. Am besten hat sich aber erfahrungsgemäß dazu Gall's Dampferzeuger mit inwendiger Feuerung bewährt. Derselbe gewährt nicht allein eine größere Brennstoff-Ersparniß, sondern zeichnet sich auch dadurch aus, daß er in allen Größen ausgeführt werden kann, nur wenig Raum einnimmt und tragbar ist. Er kann auch für kleinere Wirthschaften zum Futterdämpfen für 2 bis 40 Stück Vieh, sogar aus starkem Weißblech, also sehr billig, hergestellt werden. Außerdem kann er noch zu vielen andern Zwecken benutzt werden, z. B. zum Waschen, zur Flachs- und Hanfröste, zum Kochen, zum Reinigen der Gefäße.

Ist das Brennmaterial zu theuer, und man will dennoch Kartoffeln roh verfüttern, weil sie etwa einen zu wohlfeilen Preis haben oder gar nicht an den Mann zu bringen sind, so mische man sie zur Hälfte mit andern Wurzeln.

Fig. 4.

Zum Zerkleinern der Wurzel- und Knollenfrüchte hat man in neuester Zeit besondere Maschinen, die s. g. Wurzelschneidemaschinen construirt. Wo viel Wurzel- und Knollenfrüchte verfüttert werden, da ist die Anschaffung einer solchen Maschine mit Recht zu empfehlen. Unter den verschiedenen hierher gehörigen Maschinen sind es besonders zwei, welche die allgemeinste Empfehlung verdienen, die Mooby'sche und die Samuelson'sche. Die Mooby'sche Wurzelschneidemaschine (Fig. 4.) ist sehr einfach construirt, besteht ganz aus Eisen und Stahl, arbeitet sehr leicht, schneidet halbrunde kurze Streifen und fördert sehr. Sie liefert, durch einen Mann betrieben, in einer Stunde 25 Metzen österr. (30 Scheffel pr.) und kostet 54 fl. Silber (36 Thlr.). Samuelson's Wurzelschneidemaschine (Fig. 5.), gleichfalls ganz aus Eisen und Stahl bestehend, liefert beliebig

Fig. 5.

Würfel oder Scheiben von $\frac{1}{2}$ Quadratzoll Querschnitt. Sie wird durch einen Mann betrieben und liefert 20—30 Metzen österr. (30—40 Scheffel preuß.) in der Stunde. Ihr Preis beträgt 75 fl. Silber (50 Thlr.).

Hat man kein Wurzelwerk und will den Kühen dennoch ein saftiges Futter geben, so kann man Oelkuchen oder geschrotenes Getreide in kochendem Wasser verrühren und das Futter damit annetzen, welches entweder in geschnittenem Stroh, Heu, Siebe ꝛc. besteht.

Man macht das Futter oft noch saftiger und flüssiger, so daß man es in sogenannten Schaffeln oder Kübeln vorsetzen muß, weil das Futter in der Flüssigkeit beinahe schwimmt. Man nennt solches Futter Suppen und bereitet sie besonders in kleinen Wirthschaften, wo man nur wenige Stücke Kühe hat.

Diese Suppen macht man aus Kartoffelschalen und andern Abfällen von Gemüsen mit Spülicht, etwas Oelkuchen, etwas Kleie, die man zufällig in der Haushaltung hat, und einer Menge Pflanzen, welche das Vieh roh sonst nicht frißt, als z. B. junger Disteln, Nesseln u. s. w. Man kocht selbst die Blätter der Kartoffeln, Runkeln und des Krautes. Mit einem Worte, man kann sagen, daß bei den Unbemittelten Alles gekocht und zu Suppen für die Kühe verwendet wird.

Wenn man dann die Kühe derselben in gutem Zustande sieht, und man beobachtet, wie wenig das Futter werth ist, welches sie verzehren, so kann man gar nicht daran zweifeln, daß diese Methode ganz ausgezeichnet ist; nur ist sie nicht anwendbar für größere Wirthschaften, weil für dieses Geschäft nicht nur ein großes Personal, sondern auch viel Brenn- und anderes Material erfordert wird.

In größern und kleinern Bauernwirthschaften macht man dergleichen Suppen aus bessern Stoffen, z. B. aus Heu, sei es Klee- oder Wiesenheu, aus Abrechlingen und Siebe von Linsen, Wicken, Erbsen. Ist die Siebe von den verschiedenen Getreidegattungen sehr mit Gras gemischt, so gebraucht man auch diese. Man gibt diese Futterstoffe in ein Gefäß, schüttet siedendes Wasser darüber und bedeckt es mit einem gut schließenden Deckel. So bleibt es einige Zeit stehen, bis es lauwarm geworden ist, worauf man es den Thieren gibt. Man nennt dieses Futter Brühfutter.

Ein solches Futter als Suppe ersetzt im Winter den grünen Klee und anderes grünes Futter und ist gleichsam eine künstliche Nachahmung des grünen Sommerfutters, um das Winterfutter eben so saftig und milchergiebig zu machen, wie es das Sommerfutter ist.

Wer einen Dampfkessel hat, kann diese Suppen auch in größern Quantitäten bereiten. Man schneidet das Futter, bringt es in irgend eine Kufe, läßt Wasserdämpfe aus einem Dampfkessel einströmen, ganz auf dieselbe Art, wie man die Kartoffeln zum Zwecke des Branntweinbrennens kocht. Man bringt in die Kufe das Wurzelwerk, die Oelkuchen oder jeden andern Zusatz schichtenweise ein, so daß diese Masse mit dem Heu, Stroh u. s. w. gekocht und gemischt wird. Diejenigen, welche dieses Verfahren aus Erfahrung kennen, sind der Ansicht, daß das Futter ein Viertheil an Nahrung gewinne.

In neuester Zeit hat die Verwandlung der Kartoffeln und Rüben in Mus und das danach benannte s. g. Musfütterungssystem viel von sich reden gemacht. Dasselbe ging von England aus, wo es in kurzer Zeit allgemein in Aufnahme kam, und es hat auch bereits in Deutschland viele Anhänger gefunden, und zwar, nach den bis jetzt bekannt gewordenen Erfahrungen zu urtheilen, mit Recht. Die Wurzeln werden mittelst einer besondern, sehr einfach construirten Maschine zerrissen, gequetscht und in eine grobe musartige Masse verwandelt, die mit Häcksel vermischt frisch oder nach dreitägigem Stehen verfüttert wird. Im letztern Falle tritt eine freiwillige Gährung oder Erhitzung ein, die das Futter auf das vortheilhafteste verändert. Als Vortheile der Musfütterung werden angegeben: 1) Ersparniß von 10—25 Proc. der Futterkosten bei gleichem Zustande des Viehes, 2) 5 bis 10 Proc. mehr Milchertrag, 3) gänzliche Vermeidung des Rübengeschmacks bei Milch- und Butter, 4) Aufhören der Blähungen und des Schlundwürgens.

Unter den verschiedenen, zur Verwandlung der Kartoffeln und Rüben in Mus construirten Maschinen hat die Bentall'sche Musmaschine, von der wir beistehend eine Abbildung geben (Fig. 6.), den meisten Eingang gefunden. Sie

Fig. 6.

besteht bis auf die Füße ganz aus Stahl-, Schmiede- und Gußeisen. Die kleinen stählernen Messer, deren jedes leicht herauszunehmen und zu ersetzen ist, ohne die Maschine auseinander nehmen zu müssen, sitzen in einer Schraubenlinie um einen gußeisernen Cylinder und greifen in Hakenform in eine eiserne Schraube ohne Ende ein, welche vor diesem Cylinder liegt. Auf diese Weise zerquetschen sie sogleich die Stücken, welche sie eben von den Rüben und Kartoffeln gerissen haben. Das so gewonnene Mus wird mit Strohhäcksel, Raps-schoten ꝛc. im Verhältniß von 2 bis 3 Maßtheilen Häcksel zu 1 Maßtheil Mus innig gemischt, in große Tröge oder Fässer fest eingepackt und 3 Tage lang sich selbst über-lassen. Man kann auch das Mus mit halb abgewelkten Maisstauden, welche auf einer Häckselmaschine zu ca. 1 bis 2 Zoll langem Häcksel geschnitten sind, mengen, in eine 3 bis 4 Fuß tiefe Erdgrube bringen, einstampfen, festtreten und erst mit einer leichten Strohschicht, dann mit 2½—3 Fuß Erde gut bedecken. Es gibt dies ein vortreffliches Futter, welches sich Jahre lang hält. Der Mechanismus der Ben-tall'schen Musmaschine ist so einfach, daß jeder Schmied vorkommende Reparaturen ausführen und namentlich die be-schädigten Messer ersetzen kann. Der Preis derselben ist nicht gar zu hoch. Eine Maschine von mittler Größe, welche, von einem Manne bewegt, stündlich 10—12 Metzen österr. (12—15 Berl. Scheffel) Rüben in Mus verwandelt, kostet 60 fl. Silber (40 Thlr.)

Aehnlich construirt wie die Bentall'sche ist Lambert's Musmaschine. Dieselbe ist namentlich zu Kartoffeln ge-eignet und hier der Bentall'schen Musmaschine vorzuziehen, weil bei letzterer durch die in den Kartoffeln befindlichen und schwer aus denselben zu entfernenden Steine leicht ein Zer-brechen der Gußeisentheile herbeigeführt wird, was bei der Lambert'schen Maschine unmöglich ist. Die Construction der-selben ist folgende: Auf einem starken durch Schraubenbolzen zusammengezogenen Holzgestelle ruht ein Lagerpaar, welches zur Aufnahme der Hauptwelle dient. Auf dieser Welle sitzt ein flacher Kegelmantel von Gußeisen mit starker Nabe, aus einem Stück bestehend. Auf der ganzen Kegeloberfläche sind

189 kleine Löcher vertheilt, in denen eben so viel Stahlhaken mittelst Keilen festgehalten werden. Diese Messer arbeiten gegen ein dreieckiges, schrägstehendes mit starken Rippen versehenes Querstück, welches innerhalb des Trichters, aber unabhängig von ihm, angebracht und so stark gegossen ist, daß ein Zerbrechen durch Steine unmöglich wird. Setzt sich ein Stein zwischen Kegel und Rippen, so steht die Maschine still. Ein gußeiserner Einschüttetrichter bedeckt das Ganze. Will man mehr als einen Mann an der Maschine arbeiten lassen, so faßt man eine zweite Welle mit Vorgelege hinzu und erhält so die doppelte Geschwindigkeit. Preis und Leistungsfähigkeit dieser Maschine sind dieselben wie die der Bentall'schen.

In einigen Gegenden macht man eine Art Sauerkraut für die Kühe, welches ungemein gern genossen wird. Es besteht dieses entweder ganz aus Krautblättern, oder man nimmt auch noch dazu zerschnittenes Wurzelwerk, welches Alles in großen Kufen, steinernen oder ausgemauerten Cisternen eingemacht wird, indem man lagenweise etwas Salz streut. Die ganze Masse deckt man mit einem hölzernen Deckel zu und beschwert ihn mit Steinen; zuletzt gießt man so viel Wasser hinzu, daß es ein wenig darüber steht. Die Masse kommt schnell in Gährung und wird so sauer, wie Sauerkraut. Diese Masse dauert lange in diesem Zustand, wenn man nur dafür sorgt, daß die Luft keinen Zutritt hat, was durch den Deckel und durch die darüberstehende Wasserschicht verhindert wird. Das Vieh frißt dieses Futter sehr gern, und man hat die Erfahrung gemacht, daß es auf die Milcherzeugung, sowohl in Hinsicht der Quantiät als auch der Qualität, vortheilhaft einwirkt und ein gesundes erquickendes Winterfutter ist.

Wir berühren hier noch das Selbsterhitzen und das Brühen des Futters. Das Selbsterhitzen des Futters hatte ehedem sehr viele Lobredner und verdient diese auch, wenn eine verständige Aufsicht dabei obwaltet; sie fand jedoch wenig Ausbreitung, weil durch Unkenntniß das Futter statt verbessert, vielmehr verdorben und unter großen Heerden ein namhafter Schaden verursacht wurde. Wir vermögen deshalb diese Futterbereitungsart für kleinere Wirthschaften, die wir hier zunächst berücksichtigen, nicht zu empfehlen, zumal da man dazu eines besondern, ziemlich complicirten Apparates, eines eigenen Selbsterhitzungskastens bedarf, der aus verschiedenen einzelnen Abtheilungen besteht und eine besonders sorgfältige Behandlung erheischt. Man kann sich zwar auch einfacherer Apparate zum Selbsterhitzen des Futters bedienen, selbst Pferdestände dazu verwenden; der Erfolg wird dann aber selten oder nie ein günstiger sein.

Dagegen ist das Brühen des Futters für alle Wirthschaften, groß und klein, mit Recht zu empfehlen. Es besteht darin, daß die zerkleinerten Futterstoffe in Kufen eingeschichtet, mit Getreideschrot, Oelkuchenmehl, Salz ꝛc. bestreut und mit siedendem Wasser übergossen werden, worauf man die Kufen mit gut schließenden Deckeln bedeckt. Geschieht das Abbrühen und Füttern täglich 3 Mal, so wird das Futter, welches Abends angebrüht worden, am nächsten Morgen, das, welches Mittags angebrüht werden ist, am Abend verfüttert. Das Brühfutter darf, wenn es den Thieren gereicht wird, nicht mehr zu heiß sein; man vermeidet die zu heiße Verabreichung desselben, wenn man das noch in den Kufen befindliche Futter mit kaltem Wasser überschüttet, was zugleich den Vortheil hat, daß die Thiere gleichzeitig mit dem Futter getränkt werden. Obgleich das Brühen des Futters einen Aufwand von Brennmaterial erheischt, so macht sich dieser doch dadurch reichlich bezahlt, daß die gröbern Futterstoffe mehr aufgeschlossen, nährender und verdaulicher gemacht werden. Dies gilt aber nur von Rauhfutter und

Stroh; Wurzel- und Knollengewächse, Getreide und anderes Futter gewinnt durch Brühen an Nahrhaftigkeit und Verdaulichkeit nicht, und man thut daher wohl, das Kraftfutter, wenn man solches neben Brühfutter füttern will, letzterem erst zuzusetzen, wenn es schon gebrüht ist. In Wirthschaften, wo Branntweinbrennereibetrieb stattfindet, geschieht das Brühen des Futters einfach und kostenlos dadurch, daß die heiße Schlempe auf den Häcksel aufgegossen wird und die Brühfässer zugedeckt werden.

Wenn wir für das Melkvieh die saftigen Futterstoffe so sehr anrühmen, so wollen wir keineswegs so verstanden werden, als wenn das trockene Futter davon gänzlich ausgeschlossen werden sollte und könnte. Wenn schon im Sommer bei der grünen Fütterung eine Zugabe von trockenem oder Rauhfutter sehr rathsam ist, so wird dieses bei der künstlichen saftigen Fütterung, welche nur eine Nachahmung der grünen ist, bringend zu empfehlen sein. Der aufmerksame Beobachter wird schon gesehen haben, daß die Thiere beim Genusse saftigen Futters nach trocknem sich sehnen und darnach greifen, wenn es auch noch so nahrungsarm sein sollte. Man rechnet auf saftiges Futter täglich 6—7 Pfd. Rauhfutter.

23. Vortheile der Zusammensetzung des Futters.

Wer das Futter für die Thiere, insbesondere für die Kühe angemessen und verständig zusammenzusetzen versteht, wird dadurch so manche Vortheile gewinnen.

Den einen Vortheil haben wir schon weiter oben ausführlicher gewürdigt; er besteht darin, daß bei einem aus verschiedenen Stoffen zusammengesetzten Futter das Thier eine allseitige Ernährung erhält, d. h. daß es alle jene Stoffe, welche es zur Erhaltung seines Körpers, zur Erneuerung aller seiner Bestandtheile und Organe, sowie zur Produktion nutzbarer Stoffe für den Menschen braucht, in einem angemessenen Verhältnisse und in hinreichender Menge erhält, was nur vortheilhaft auf das Thier und dessen Produktion einwirken kann.

Allgemein wird gewarnt vor einem plötzlichen Uebergang von einem Futterstoffe zum andern, besonders wenn beide in ihren Eigenschaften etwas weiter auseinander stehen. Die Nichtachtung dieser Warnung ist leider nur zu oft mit empfindlichem Schaden bestraft worden. Beim Melkvieh sind solche plötzliche Uebergänge noch deßwegen sehr zu vermeiden, weil bei ihm aus dem genossenen Futter der Milch producirt wird und diese sich sehr nach jenem in Hinsicht der Quantität und Qualität richtet.

Und dennoch hat man in einer Wirthschaft gewöhnlich eine sehr große Anzahl von verschiedenen Futterstoffen, und es wären oft sehr viele und noch dazu sehr grobe und schroffe Uebergänge nothwendig, wenn man einen Futterstoff nach dem andern verfüttern wollte. Jedermann wird aber einsehen, daß man bei einer Fütterung, welche aus mehren Futterstoffen zusammengesetzt ist, weniger Uebergänge nothwendig hat, indem man von einem Futterstoffe weniger zur jedesmaligen Futterportion nimmt und so längere Zeit damit ausreicht. Der Uebergang wird auch fast nicht merkbar für das Befinden des Thieres und seiner Produktion sein, wenn beim Abgange des einen Futterstoffes ein anderer eingeschoben wird, weil die andern Futterstoffe, aus welchen die Futterportion zusammengesetzt ist, noch fortgefüttert werden.

Es gibt gewisse Futterstoffe, die nur in Gemeinschaft mit mehren Futterstoffen günstig verfüttert werden können. Zu diesen Futterstoffen gehört die Kartoffel. Selbst mit vielem

Häckerling verfüttert wird sie längere Zeit dem Vieh roh gereicht nicht immer von den besten Folgen sein; gemischt mit Rüben und anderm Wurzelwerk hat man nicht leicht üble Folgen zu befürchten.

Wir wünschen, daß unsere Hausthiere durch das ganze Jahr ein gutes Aussehen haben, sich gleich wohl befinden und einen so viel als möglich gleichförmigen Nutzen gewähren. Dieses Alles hängt aber sehr ab von einer durch das ganze Jahr fortgesetzten, so viel als möglich gleichmäßigen Fütterung. Eine solche gleichmäßige Fütterung ist aber nur bei einer aus verschiedenen Futterstoffen zusammengesetzten Fütterung möglich, eben deßhalb, weil die Uebergänge beinahe verschwinden und sich ausgleichen.

Beim Melkvieh ist eine gleichförmige Fütterung durch das ganze Jahr eine Hauptbedingung zu einem möglich reichlichen Milchertrage, und um eine gute Melkkuh als solche zu erhalten. Es gibt gewisse Futterstoffe, bei deren häufigem Genuß die Melkkühe sehr in der Milch nachlassen. Ein solcher Futterstoff soll der Erfahrung nach das Erbsenstroh und die Abfälle davon sein. Gemischt unter andere Futterstoffe wird man von seinem ungünstigen Einfluß wenig oder gar nichts wahrnehmen.

Endlich kann der Landwirth auch die nahrungsärmeren und nicht so wohlschmeckenden Futterstoffe mit anbringen und verwerthen ohne Beeinträchtigung des Viehes, und sollten sie auch zu nicht viel mehr als nur zur Ausfüllung des Magens dienen. Für sich allein verfüttert würden sie vom Vieh gar nicht oder nur aus Hunger gefressen werden; gemischt mit andern kräftigeren, angenehmern Futterstoffen gehen sie in Begleitung der letzteren leicht und unbemerkt, gleichsam wie durch eine Einschwärzung, und doch mit Vortheil in den Magen der Thiere. Hier wirken sie nicht nur als bloß ausfüllende Substanzen, sondern die andern kräftigen, leicht verbaulichen, saftigen Futterstoffe erweichen und erschließen zum Theil die in den nahrungsarmen Futterstoffen verhärteten, verholzten nährenden Theile etwas mehr auf, machen sie löslicher, genießbarer und nährender für das Thier.

---

24. **Eine andere Weise zu füttern, welche die Stelle des gemischten und zusammengesetzten Futters vertritt und zum Theil die Vortheile derselben gewährt.**

Nicht immer lassen sich die verschiedenen Futterstoffe mit einander auf die erwünschte Weise mischen und zusammensetzen. Heu und sogenanntes Futterstroh von Hafer, Gerste, Erbsen, Linsen, Wicken lassen sich nicht so leicht der Art zerkleinern und zerschneiden, daß sie zur Mischung taugen. Man wird also solche Stoffe bei der Fütterung zunächst auf einander folgen lassen; entweder bei einer Mahlzeit, oder man wird zu jeder Mahlzeit des Tages mit den Futterstoffen wechseln. Solche tägliche Veränderung der Futterportionen in Hinsicht der Futterstoffe sind nicht plötzliche Uebergänge von einem Futterstoffe zum andern; plötzliche Uebergänge sind nur jene, wo das Vieh durch längere Zeit einen und denselben Futterstoff erhielt und sich mit seiner ganzen Natur daran gewöhnte. Gewohnheit ist auch beim Thier ein eisernes Hemd, das sich nicht leicht ohne Wehthun und Nachtheil ausziehen läßt. Ein plötzlich eintretender Wechsel nach einem langgewohnten Futter bringt dann freilich oft Nachtheile, allein ein täglicher Wechsel des Futters bei jeder Mahlzeit ist ohne alle Angewöhnung irgend eines Futters und kann fast dieselben Vortheile gewähren wie das zusammengesetzte, gemischte Futter. Die Thiere werden eine solche Abwechslung lieben und sich dabei wohl befinden. Wenn bei dieser Fütterung die Futterstoffe auch nicht gleichzeitig, d. h. bei einer Mahlzeit gemischt sind, so mischen sich doch ihre auf einander folgenden Wirkungen und gleichen sich mit einander aus, so daß die Erfolge fast dieselben sind, wie bei der zusammengesetzten, gemischten Fütterung.

25. Regeln bei der Fütterung.

Es gibt noch gewisse Dinge, welche die Wirkung der Fütterung mehr oder weniger heben, so daß bei ihrem Vorhandensein eine geringe Fütterung oft bessere Erfolge hat als ohne sie eine reichlichere Fütterung. Es ist also nicht unwichtig, von diesen einflußreichen Dingen etwas zu sprechen und das davon zu Sprechende in die Form von Regeln zu fassen.

1) Man sehe bei der Fütterung auf möglichste Reinlichkeit, und es wird gut sein, wenn man beim Melkvieh die Sorge für Reinlichkeit fast etwas übertreibt.

Die Reinlichkeit bezieht sich zuvörderst auf das Futter. Durch Unreinlichkeit entsteht ein übler Geruch, gegen welchen das Vieh sehr empfindlich ist. Man gebe nur einmal recht aufmerksam acht, wie das Vieh zuvor Alles beriecht, was es genießt. Man wird nicht irren, wenn man behauptet, daß der Geruch bei unserm Rindvieh der stärkste und ausgebildetste Sinn ist. Seine Geruchsnerven sind außerordentlich fein. Auf der Weide weiß das Thier die ihm zusagenden Pflanzen alsogleich durch den Geruch zu unterscheiden von jenen, welche ihm schädlich sind. Es probirt die Pflanze nicht erst durch Verkosten. Auf einer Hutweide steht ein kleiner runder Fleck voll des schönsten üppigsten Grases; es naht sich diesem Flecken, grast in seiner Nähe und unmittelbar an seiner Grenze, schnell geht es weiter und rührt nicht eine Pflanze davon an. Was ist die Ursache davon? Es hat durch seinen feinen Geruch alsogleich sich überzeugt, daß jene üppigen Pflanzen über einen Häuflein Excremente anderer Thiere emporgewachsen sind, oder daß ein Thier seine flüssigen Excremente darauf fallen ließ. Man bestreiche zwei Stücke Brod mit Salz, das eine mit dem bessern Kochsalz, das andere mit Viehsalz; es wird das andere dem letzteren vorziehen. Daraus läßt sich auch erklären, warum die Thiere das Futter, welches mehre Stunden oder wohl über Nacht in der Krippe lag, nicht mehr genießen wollen, und wenn es auch das beste wäre, sogleich aber von demselben Futter fressen, wenn man es frisch bereitet vorlegt. Das durch längere Zeit in der Krippe liegenbleibende Futter wird nämlich von den Ausbünstungen der Thiere so infizirt, daß sie einen Abscheu davor haben. Aus demselben Grunde verschmähen die Thiere das Futter von Aufbewahrungsräumen über den Stallungen, wohin die Ausbünstungen der Thiere dringen können, weil die Decke über dem Stall entweder schlecht construirt oder mangelhaft geworden ist. Daher ist es nothwendig, daß die Stallungen mit Abzugsröhren für die verdorbene Luft nach oben bis über das Dach hinaus versehen seien, und daß die Decke des Stalles, wenn Futter darüber liegt, für die Ausbünstungen der Thiere undurchbringlich construirt werde, entweder durch Wölbung des Stalles oder durch Pflasterung auf der Holzdecke mittelst Lehm oder Ziegeln.

Durch Verschlemmung verunreinigtes und theilweise verdorbenes Futter ist des Staubes wegen sehr gefährlich; doch kann es mehr oder weniger unschädlich gemacht werden, wenn man den Staub durch Dreschen, besonders auf einer Dreschmaschine, bei einem etwas windigen Tage zu entfernen sucht.

Man kann zwar theilweise verdorbenes Futter durch Salz=
beigabe für das Thier annehmbar machen; es bleibt aber den=
noch verdorben. Ist es schimmlig und von üblem Geruche,
so wird es eigentlich auch durch das Salz nicht so verbessert,
daß es für die Thiere unschädlich werden könnte, und das
Thier wird nur davon fressen, wenn Hunger und Salz dasselbe
dazu treibt. Das Rathsamste ist, solches Futter gleich auf
den Düngerhaufen zu werfen. Nicht einmal zum Einstreuen
sollte man es gebrauchen, indem, wenn man die Thiere karg
füttert, diese davon fressen und dadurch, wie viele Erfahrun=
gen lehren, gefährlich krank werden. Nur reichlich und gut=
genährte Thiere rühren von einer so gefährlichen Streu nichts
an, außer sie bekommen lauter saftiges Futter zu fressen, ohne
daß ihnen etwas trockenes Futter dazu gereicht wird.

Da wir hier von verdorbenem Futter sprechen, muß ich
die Landwirthe und Viehzüchter auf einen Umstand aufmerk=
sam machen, welcher sehr viel zum Verderben des Futters bei=
trägt. Manchmal wurde das Futter so gut eingebracht, daß
nichts zu wünschen übrig blieb; beim Verfüttern nach einiger
Zeit bemerkte man, daß das Vieh im Stalle zu husten anfing
und vom Futter nicht gern fressen wollte. Man untersuchte
das Futter und fand es schimmlig und übelriechend. Woher
dieses Verderben? Das Futter wurde gut eingebracht, der
Stall, über welchem es liegt, ist gewölbt, das Dach ist ohne
Fehler, kein Regen und Schnee kann durch dasselbe bringen.
Ich war bei einem solchen unerklärlichen Falle vom Verderben
des Futters zugegen und entdeckte sogleich den Fehler. Das
ganz gute Dach war demungeachtet Ursache vom Verderben
des Futters, und zwar deßwegen, weil es ein Ziegeldach war
oder vielmehr, weil man bei der Aufspeicherung des Futters
unter diesem Dache nicht darauf Rücksicht genommen hatte, daß
es ein Ziegeldach war. Die Ziegel haben nämlich die Eigen=
schaft, daß sie sehr gute Wärmeleiter sind und also auch im

Winter die äußere Kälte sehr leicht durchlassen. Das unter dem Dache liegende Heu dunstet aber immerwährend aus, zugleich ist unter dem Dache eine etwas höhere Temperatur; die Dünste werden durch die von außen leicht eindringende kältere Temperatur niedergeschlagen und in Wasser verwandelt, wodurch zum wenigsten das an dem Ziegeldach anliegende Heu, Klee u. s. w. verdorben werden.

Um diesen Uebelstand zu vermeiden, hat man hier und dort die Ziegel vom Dache wieder entfernt und sie mit Schindeln von Holz oder wohl gar mit Schindeln von Stroh ersetzt, unter welchen letztern sich das Futter am besten hält. Man kann aber das Ziegeldach lassen und dennoch das Futter gut conservirt erhalten, dadurch, daß man zwischen dem Dach und dem Futter einen leeren Raum läßt, oder man schichtet zwischen dem Futter und dem Dache eine Lage Stroh empor, oder man verschlägt das Dach von der inwendigen Seite mit Latten oder noch besser mit Bretern, damit das Futter mit den Ziegeln in keine Berührung komme.

Man klagt darüber, daß Viehkrankheiten und Viehseuchen in neuerer Zeit immer mehr überhand nehmen. Ich frage daher, ob dabei nicht den immer mehr in Gebrauch kommenden Ziegeldächern und der Vernachlässigung der gegen das Verderben des Futters unter solchen Ziegeldächern anzuwendenden Mittel die Ursache von den vermehrten Krankheiten theilweise zugeschrieben werden dürfte?

Zur Reinlichkeit gehört auch, daß man vor jeder Fütterung die Krippen mit einem Strohwische oder Besen sorgfältig reinige und von dem früher gegebenen, aber nicht ganz aufgezehrten Futter ja nichts darin lasse.

Zum Anmachen des Futters nehme man ganz reines Wasser, selbst wenn es erwärmt wird.

Das Brühfutter und selbst jenes, welches durch Selbsterhitzung und Gährung bereitet wird, soll nicht so lange aufbewahrt werden, bis es in Essiggährung oder wohl gar in die faule Gährung übergegangen ist. Nur die weingeistige Säure ist dem Thiere angenehm und gesund, schädlich aber die Essigsäure, noch mehr die anfangende Fäulniß oder Verwesung.

Die Gefäße sowie der Ort, wo das Futter zusammengesetzt und zubereitet wird, verlangen eine besondere Reinlichkeit; darum sollen die Futterkammern, die bei großen Viehstallungen sich unmittelbar an letztere der größern Bequemlichkeit wegen anschließen, sorgfältig mittelst einer Thüre von den Ausdünstungen der Thiere abgeschlossen und rein gehalten werden.

Wird das Futter auf einmal für 2 oder 3 Mahlzeiten angemacht, so sehe man wohl darauf, daß sich das Futter nicht erhitze, und nehme sich noch mehr in Acht, das Futter erhitzt dem Vieh vorzulegen. Dies gilt vorzugsweise von grünem Futter, wenn es längere Zeit aufgehäuft liegt. Ein Umstürzen von Zeit zu Zeit ist deßwegen sehr nothwendig.

2) Eine zweite Regel bei der Fütterung ist eine strenge Ordnung in zweifacher Hinsicht, erstens in Hinsicht der Zeit, wann, und zweitens in Hinsicht der Quantität des Futters, welche verfüttert wird.

Wird die gehörige Zeit nicht eingehalten, sondern die Fütterung darüber hinaus geschoben, so rügen die Thiere selbst diesen Fehler durch viele Unruhe und häufiges Blöken. Das Thier merkt sich die Zeit und Ordnung ohne Uhr weit besser als der Mensch mit der Uhr in der Tasche. Das Thier hat seine Uhr im Magen, und diese zeigt am richtigsten. Unruhe und Blöken ist gleichsam der Glockenschlag ihrer im Magen befindlichen Uhr, welcher Glockenschlag hörbar genug ist und von dem Wärter nicht erst abgewartet werden soll, indem viele Unruhe und starkes Blöken schon einen etwas stärkern Hunger anzeigt und auf das Gedeihen des Thieres nicht den besten Einfluß haben kann, zumal eine Unordnung in der Zeit auch eine Unordnung in der Quantität des Futters nothwendig im Gefolge hat, wenn bei zu früher oder zu später Fütterung nur die gewöhnlich übliche Futterportion verabreicht wird.

Villeroy sagt: Ordnung und Regelmäßigkeit, welche sonst immer von Nutzen sind, sind das Räthsel des guten Erfolges bei der Viehzucht.

Wenn es wegen der Ausbünstung und Feuchtigkeit im Stalle nicht unmöglich wäre, daß eine Uhr im Gange erhalten werden kann, so würde ich für größere Stallungen jedenfalls die Anschaffung einer Uhr und die Aufstellung derselben im Stalle anempfehlen, da in größern Stallungen die dienstthuenden Personen sowohl in der Nacht im Stalle schlafen, als auch den ganzen Tag hindurch im Stalle sich aufzuhalten pflegen. Ich muß es daher als eine schöne Einrichtung rühmen, was ich auf meinen Reisen in manchen Meierhöfen fand. Im Hofe stand ein Thurm mit einer Uhr, die nicht nur die Stunden auf dem Zifferblatte dem Auge zeigte, sondern auch durch den Schlag in weiterer Entfernung dem Ohr anzeigte. Durch eine solche Uhr können alle Arbeiten auf dem Maierhofe und jene im Stalle insbesondere in eine strenge, abgemessene Ordnung gebracht werden.

Die Futterportionen sollen nicht auf's Geradewohl, etwa nach dem Augenmaß, sondern so viel wie möglich durch Maß oder Gewicht und durch Berechnung auf den jedesmaligen Heuwerth bestimmt und geregelt werden; sonst bekommt das Thier einmal zu wenig, das anderemal zu viel, was nicht gut ist.

3) Eine dritte Regel ist: Die tägliche Futterportion soll in so viel als möglich kleine Theile getheilt werden. Die

täglichen Mahlzeiten sollen nicht unter 3 sein, besser ist es sicher, wenn ihrer 5 sind und die ganze tägliche Futterportion in 5 Mahlzeiten vertheilt wird. Da wir darüber in einem eigenen Paragraphe etwas Mehres sprechen werden, so wollen wir gleich zur vierten Regel übergehen; diese lautet:

4) Man zerkleinere die Futterstoffe, so viel als möglich, durch Schneiden, Hacken, Stampfen und mache hie minder schmackhaften und weniger nährenden durch Kochen, Abbrühen, Dämpfen, Einsalzen oder durch Vermengen mit andern kräftigern Nahrungsstoffen schmackhafter, verdaulicher und nährender.

Denkende Landwirthe haben die Zubereitung der Futterstoffe als ein Mittel betrachtet, den als Nahrung dienenden Theil derselben mehr aufzuschließen und löslicher zu machen, dadurch die Verdauung zu unterstützen und die thierischen Produkte zu vermehren und zu veredeln. Selbst gehaltlose und nahrungsarme Futterstoffe können zerkleinert, gekocht, gedämpft und gebrüht besser ausgenützt werden; man erspart also an Futter oder kann reichlicher füttern und steigert die Milchergiebigkeit. Selbst der unangenehme Geschmack mancher Futterstoffe und dessen Einfluß auf die Produkte wird durch das Kochen entfernt. So z. B. ist dieses bei den Kartoffeln der Fall, wie auch bei manchen Rübenzattungen. Durch das Zerkleinern der Futterstoffe wird das Geschäft des Kauens und des Wiederkauens bei dem Rindvieh wesentlich erleichtert und die Vermischung der Futterstoffe mit dem Speichel und dem Magensafte und also die Verdauung sehr befördert. Wenn bei gewissen rohen Futterstoffen, wie z. B. bei Rüben und Kartoffeln, die Milchergiebigkeit zwar vermehrt wird, dabei aber gewöhnlich eine Fleischabnahme stattfindet, so dürfen diese Stoffe nur gekocht werden, um eben so vortheilhaft auf Milchergiebigkeit wie auf Fleischansatz hinzuwirken.

5) Wir müssen auch das Putzen der Thiere als ein sehr wichtiges Mittel ansehen, um der Wirkung der Fütterung einen mächtigen Vorschub zu leisten. Gut Putzen, sagt ein altes Sprüchwort, ist halbe Fütterung; leider daß dieses Sprüchwort beim Rindvieh, insbesondere aber beim Melkvieh in der Regel nur zu selten beachtet wird.

Im Naturzustande verunreinigt sich das Thier nicht so, wie in unsern Stallungen, es hat nicht nothwendig, sich in seine eigenen Extremente zu legen, und sucht sich sicher einen reinlichen Platz, wenn es sich zur Ruhe begibt; es hält sich immer nett und rein. Das Thier putzt sich selbst, indem es sich beleckt oder an einem Baume reibt oder in einem Flusse badet; oder die Natur nimmt selbst das Geschäft des Reinigens über sich, wie z. B. bei einen starken Regen und Luftzug. Selbst das Licht der Sonne wirkt auf die Erhöhung der Schönheit seiner Hautfarbe ein. Die Reinhaltung wirkt sehr auf das Gedeihen des Thieres im Naturzustande ein.

Im Culturzustande ist das Thier fast aller Mittel, sich zu reinigen, beraubt, dagegen aber unzähligen Fällen der Verunreinigung ausgesetzt. Im Stalle muß es sich in seine eigenen Extremente legen, feuchte, mit vielem Staub vermischte, ekelhafte und ungesunde Ausdünstungen lagern sich auf seiner Haut ab, verstopfen die Organe der Ausdünstung, erzeugen ein beunruhigendes Jucken, begünstigen den Aufenthalt von nagendem und plagendem Ungeziefer. Diese Verunreinigung erleidet das Thier nicht nur im Stalle, sondern auch auf der staubigen Straße. Wird es nicht sorgfältig gereinigt und nur eine Woche lang Striegel und Bürste nicht gehandhabt, so erreicht die Unreinigkeit schon einen hohen Grad, so daß bei bem Thiere in einem solchen Zustande das genossene Futter nicht so gedeihlich ist, als es sein könnte und sollte.

Daher muß der Mensch im Culturstande das Geschäft

der Reinhaltung des Thieres über sich nehmen, als eine Pflicht, die ihm ohne großes Unrecht gegen das Thier nicht erlassen werden kann; unterläßt er diese Pflicht, so macht er sich einer jener vielen Sünden schuldig, welche in das große Register der Thierquälerei gehören. Es ist zu verwundern, daß die meisten Menschen nicht durch das eigene große Interesse zur Reinhaltung der Thiere angeregt werden, da doch der Eigennutz eine so große Triebkraft hat. Die Vernachläßigung der Thiere in Hinsicht der Reinlichkeit läßt sich aber gar wohl erklären, wenn man bedenkt, daß die meisten Menschen noch nicht bis dahin aufgeklärt und noch viel zu schwach sind, um einsehen zu können, daß Reinlichkeit von sehr großem Nutzen für die Thiere sei. Man kann, ohne zu viel zu sagen, behaupten, daß Unreinlichkeit der Thiere einen düstern Schatten auf den Besitzer derselben werfe und ihn als Einen zu erkennen gibt, der es auch als Mensch noch nicht weit gebracht hat.

Bei dem Melkvieh sollte nach einer fast übertriebenen Reinlichkeit gestrebt werden, schon der Milch wegen, damit man sie doch appetitlich in das Gewölbe und auf den Tisch bringen könne.

Daher soll im Kuhstall nicht nur die Striegel mit der Bürste am Nagel hängen oder auf dem Brete liegen, sondern beide sollen täglich bei jeder Kuh fleißig gebraucht werden, vom Kopf bis zum Ende des Schweifes und vom Rücken herab bis über den Bauch zu den Knöcheln herunter. Dazu sollen Waschungen von Zeit zu Zeit, und so oft es nothwendig, vorgenommen werden. Es wird sich dann bald ein Glanz der Haare, eine Weichheit der Haut, ein munteres, heiteres Aussehen, ein besseres Gedeihen des Futters einstellen, und die Luft des Stalles wird nicht so sehr durch übelriechende Ausdünstungen verpestet werden.

6) In jedem Stalle gibt es Thiere von verschiedener

Größe und Schwere, ja oft sogar von verschiedener Race. Darauf ist Rücksicht zu nehmen.

Es gilt als Regel bei ausgewachsenen Thieren, das Futter nach dem lebenden Gewichte des Thieres, also auf 100 Pfund lebend Gewicht 3⅓ Pfd. Heuwerth zu verabreichen; also daß schwerere Thiere mehr, leichtere aber weniger Futter bekommen.

Thiere, welche noch nicht ausgewachsen und etwa noch sehr jung sind, müssen in Hinsicht der Fütterung eine eigene Behandlung erhalten und daher von den erwachsenen Thieren abgesondert aufgestellt werden. Ueberhaupt bedürfen gerade die jungen Thiere einer besondern Aufmerksamkeit, die sie später in hohem Grade lohnen.

7) Der Uebergang von einem langgebrauchten Futterstoff zu einem andern sehr entgegengesetzten geschehe nicht plötzlich, sondern nur nach und nach. Dieses muß besonders im Frühjahr beim Uebergang vom Winterfutter zur Grünfütterung und im Herbste beim Uebergang von der Grünfütterung zur Winterfütterung beobachtet werden. Man gebe daher im Frühjahre Anfangs nur wenig Grünfutter und mische es mit Häckerling, lasse diesen nach und nach weg, bis man endlich nur Grünfutter gibt. Eben so gehe man im Herbste langsam zur Winterfütterung über, indem man nach und nach immer mehr trockenes Futter zusetzt. Was die andern Uebergänge betrifft, so haben wir das Nothwendigste schon früher darüber gesagt.

Hat man ein oder mehre Stücke eblerer Race in seinem Stalle, so wird man diesen ein besseres Futter verabreichen müssen, falls man sie in einem guten Zustande erhalten will. Merkwürdig ist das, was mir ein sehr braver Landwirth mittheilte. Er wollte sich eine bessere Race anschaffen und versuchte es zuerst mit einem Stücke, welches er unter seine übrigen Kühe von gewöhnlichem Landschlage stellte, und dem er auch dasselbe Futter reichte. Seine bisherigen Kühe bekamen so viel Futter, daß sie sich dabei recht gut befanden und verhältnißmäßig sehr viel Milch gaben. Das angekaufte Stück eblerer Race, obwohl es beim Ankaufe wohl beleibt war und ein sehr gutes Aussehen hatte, magerte zusehends ab und hatte ein so elendes Kalb, daß es wahrlich des Absetzens nicht werth war. Ein anderer minder kluger Landwirth hätte hier also gleich geschlossen, daß diese Race für seinen Stall nicht tauge; unser erfahrner Landwirth machte aber den umgekehrten Schluß und dachte: vielleicht taugt das Futter in meinem Stalle der ebleren Race nicht. Um Sicherheit in seine Ansicht zu bringen, besserte er bei der angekauften Kuh das Futter. Bald nahm die Kuh sichtbar zu, wurde eine gute Melkkuh und hatte schöne Kälber.

26. Die für den Stall vortheilhafte Temperatur.

Die Temperatur, die Wärme im Freien können wir nicht ändern; wir müssen sie nehmen und benützen, wie wir sie erhalten; wohl aber steht die Veränderung oder Temperatur im Stalle in unserer Macht, wir können sie erhöhen und erniedrigen, bis auf einen bestimmten Grad, und so reguliren, daß sie einen vortheilhaften Einfluß auf das Wohlsein der Thiere ausübt und die Milchergiebigkeit steigert. Insbesondere hat die Temperatur einen großen Einfluß auf die Freßlust der Thiere. Ein zu niedriger Grad ist in dieser Hinsicht eben so ungünstig, wie ein zu hoher.

Ist die Temperatur im Stalle durch längere Zeit zu niedrig, etwa von oder unter 10 Grad Wärme, so wird das Thier dadurch unangenehm afficirt, die Haare werden struppig und stehen mehr senkrecht auf der Haut, als daß sie auf derselben fest anliegen, das Thier krümmt seinen Leib zusammen, so daß es das Rückgrat empor hebt; den Schweif zieht es zwischen die Füße ein und den Kopf näher zum Leibe und läßt ihn hängen; die Vorder= und Hinterfüße stehen näher beisammen; liegend krümmt sich das Thier noch mehr zusammen und steckt sein Maul nahe an die Vorderfüße, um sich mehr zu er= wärmen; lauter Zeichen, welche auf ein Unwohlsein des Thieres schließen lassen, hervorgerufen durch eine zu nied= rige Temperatur. Daß das Thier dabei nicht gedeihen könne, daß es dabei auch keine große Freßlust bezeugen und das genossene Futter nicht gehörig zu seinem Vortheile be= nutzen werde, liegt am Tage.

Eben so nachtheilig wirkt eine zu hohe Temperatur, wie z. B. jene, welche über 18 Grade steigt, auf die Freßlust der Thiere. Erfahrungsgemäß genießen Thiere und Menschen in wärmeren Gegenden weniger Nahrung als in kälteren. Die Ursache davon ist nicht schwer zu finden.

Das Thier braucht so wie der Mensch einen gewissen Grad von Wärme zu seinem Wohlbefinden. Die Wärme kann dem Körper auf eine zweifache Weise zugeführt werden, durch die von außen zuströmende und einbringende Wärme der das Thier umgebenden Luftschicht; das Thier erzeugt aber auch in sich selbst Wärme, mittelst der genossenen Nah= rung und durch das Athmen.

Die Nahrungsstoffe enthalten zwei der wichtigsten Stoffe, wodurch sie eigentlich zu Nahrungsmitteln vorzugsweise wer= den. Diese wichtigen Stoffe sind Stickstoff und Kohlenstoff. Beide Stoffe gehen durch den Verdauungsprozeß in das Blut über. Der Stickstoff im Blute dient zur eigentlichen Ernährung des Körpers, zur Vergrößerung seiner Theile, zum Ersatz des Verlustes, den die einzelnen Organe durch ihre Lebens= und anderweitigen vom Menschen in Anspruch ge= nommenen Thätigkeiten fortwährend erleiden. Der Kohlen= stoff im Blute dient aber dazu, um durch seine Berührung mit der in der Lunge eingeathmeten atmosphärischen Luft, insbesondere mit dem einen Bestandtheile derselben, dem Sauerstoff, die für den Körper nothwendige thierische Wärme zu erzeugen.

Ist die umgebende Temperatur zu hoch, so wird das Thier auch weniger Futter genießen, weil es weniger Wärme im Körper zu erzeugen nothwendig hat, indem diese ihm von außen zugeführt wird; daher hat es auch weniger Kohlenstoff aufzunehmen, mithin Nahrungsstoffe zu genießen, es wird sich also auch weniger nähren und weniger produziren.

Ist die umgebende Temperatur nicht zu hoch, aber auch nicht zu niedrig, so wird das Thier die nothwendige, ihm fehlende Wärme dadurch erzeugen, daß es mehr Kohlenstoff und also auch mehr Nahrungsstoffe aufnimmt. Da es mit der stärkeren Aufnahme von Nahrungsstoffen auch mehr Stickstoff, also eigentlichen Nährstoff erhält, so wird es nicht nur an Masse und Gewicht zunehmen, sondern auch mehr nutzbare Stoffe für den Menschen produziren. Daher sehen wir, daß alle Thiere im Naturstande bei Abnahme der wärmeren Temperatur und bei Zunahme der Kälte fleischiger und fetter werden, weil sie mehr Nahrung zu sich nehmen, um sich zu erwärmen, wenn sie diese Nahrung finden und erhalten können.

Eine höhere Temperatur wirkt zugleich auf eine stärkere Hautausdünstung, wodurch gleichzeitig eine mäßige Abkühlung und eine Milderung des lästigen Druckes einer allzuhohen Temperatur bewirkt wird. Da aber das Thier dabei zugleich viel Wasser in Dunstform durch die Haut und durch das Athmen verliert, so wird dadurch die Milchabsonderung wesentlich beeinträchtigt; daher ist die Erscheinung erklärbar, warum in heißen Klimaten die Melkthiere, z. B. Ziegen und Kühe, nur so viel und so lange Milch absondern, als die Jungen säugen, dann die Milch wieder gänzlich versiegt.

Wenn die Hautausdünstung in höherer Temperatur eine stärkere ist, so erfolgt in derselben Temperatur eine schwächere Absonderung des Urins, was ganz natürlich ist. Das Gegentheil findet statt bei einer niedrigern Temperatur; die Absonderung durch die Haut ist geringer, dagegen die des Urins größer, was eben so natürlich ist. Zudem kennen wir außer dem Verbrennungsprozeß des Kohlenstoffes durch den Sauerstoff noch eine zweite Wärmequelle im Thiere, das ist Wassererzeugung aus Wasserstoff und Sauerstoff. Je kühler die umgebende Temperatur ist, desto mehr muß die Wassererzeugung zum Behufe der Hervorbringung der nothwendigen Wärme stattfinden; das Wasser muß aber auch ausgeschieden werden, und der natürlichste Weg ist durch den Urin. Vielleicht wird ein Theil von diesem Wasser auch zur Milchproduktion verwendet, und somit wäre zum Theil auch die höhere Milchergiebigkeit in den gemäßigten Theilen der Erde zu erklären.

Die zu hohe Temperatur im Stalle hat aber auch den Nachtheil, daß sie durch eine zu stark bewirkte Hautausdünstung die Luft zu sehr verunreinigt und für das Athmen weniger brauchbar macht, so daß der Zweck des letzteren nicht vollkommen erreicht werden kann und die Gesundheit der Thiere gefährdet wird.

Wir können annehmen, daß die thierische Wärme im Innern des Körpers 30 Grad beträgt. Ist die das Thier umgebende äußere Lufttemperatur 15 Grad, so muß es durch den Athmungs- und Wasserbildungsprozeß 15 Grad Wärme erzeugen; hätte die äußere Lufttemperatur 8 Grad Wärme, so müßte das Thier 22 Grad Wärme durch beide Processe hervorbringen, und um dieses zu können, müßte das Thier mehr Kohlenstoff, also mehr Nahrung zu sich nehmen; es steht aber zu bezweifeln, ob das Thier so viel Futter aufzunehmen im Stande sei, daß es die zur Erzeugung von so vielen Graden Wärme nothwendige Quantität von Kohlen=

ſtoff durch daſſelbe erhielte; vielmehr iſt zu befürchten, daß eine Temperatur von 8 Graden, wenn ſie längere Zeit anhält, ſchon zu empfindlich für das Thier ſei, beſonders wenn es dabei keine Bewegung machen, dadurch das Athmen nicht beſchleunigen und die Wärmeerzeugung vermehren kann. Wenn auch das mit Haaren beſetzte Fell ein ſchlechter Wärmeleiter iſt, ſo iſt doch anzunehmen, daß bei längerer Dauer die äußere niedriger ſtehende Temperatur durch das Fell einbringe und dadurch das Gefühl der Kälte mit allen ſeinen Folgen eintrete.

Stiege die äußere Temperatur bis auf 30 Grad und darüber, ſo wäre es ganz überflüſſig, durch's Athmen Wärme zu erzeugen. Welcher Schwierigkeit das Athmen durch eine zu große Wärme ausgeſetzt ſei, und wie dabei alle Eßluſt verſchwinde, weiß ein Jeder.

Wir ſehen alſo aus dem bisher Geſagten, daß ſowohl Jene fehlen, welche ihre Thiere durch längere Zeit einer zu niedrigen Temperatur ausſetzen, als auch Jene unklug handeln, welche im Winter nicht genug für die Erhaltung einer hohen Temperatur im Stalle ſorgen zu können glauben, daher der atmoſphäriſchen Luft keinen Zuzug in den Stall und der verdorbenen Luft keinen Abzug aus demſelben geſtatten wollen und die geringſten Oeffnungen nicht ſorgfältig genug verſtopfen können.

Eine Temperatur von 12—18 Graden dürfte die angemeſſenſte ſein. Zugleich müßte dafür geſorgt werden, daß im Stalle keine großen Unterſchiede der Temperatur ſtattfinden, welches dadurch erzielt wird, daß im Stalle nach der Größe deſſelben ein oder mehre rauchfangartige Abzüge durch die Decke und durch das darüber befindliche Dach angebracht werden. Die erwärmten und leichtern Dünſte werden dahin ihren Abzug ununterbrochen nehmen, und die atmoſphäriſche Luft wird dann ſchon von ſelbſt zuziehen, wenn ſie Raum findet. Dazu kann man in den ſchönern und mildern

Mittagsstunden öfters Thüren und Fenster öffnen; nur sorge man dafür, daß kein Thier von einem stärkeren Luftzuge längere Zeit getroffen wird.

27. Gründe, welche es höchst wünschenswerth machen, daß man das für ein Stück Vieh nothwendige Futter sammt den Futteräquivalenten wisse.

Viele werden unsere Berechnungen für eine müßige, unpraktische Spielerei ansehen. Diesen sind wir schuldig, die Gründe anzugeben, warum diese Berechnungen nothwendig sind.

Der rationelle Landwirth wird seinen Viehstand nach dem Futter, welches er baut ober, was rathsamer ist, den Futterbau nach dem Viehstand bemessen. In beiden Fällen muß er wissen, wie viel Futter er braucht. Ein kluger Hauswirth trachtet sicher, daß er eher etwas mehr hat, als er wirklich braucht. Futternoth ist eine sehr große Noth für den, welcher ein Vieh nicht nur nicht leiden lassen, sondern in der Viehzucht fortschreiten will. Futter ist nicht immer zu kaufen, und das gekaufte macht ein großes schmerzliches Loch in den Beutel.

Wer seinen Futterbedarf berechnen kann, wird bei Zeiten, falls er weiß, daß er mit seinen Futtervorräthen nicht ausreicht, bei günstiger Gelegenheit Futtereinkäufe machen oder die Futtervertheilung so viel als möglich haushälterisch einrichten oder so früh als möglich einige Stücke Vieh verkaufen, um weniger Stücke mit dem vorhandenen Futtervorrathe erträglich durchzubringen.

Ist er gesonnen, des Düngers wegen mehr Vieh zu halten, so wird er seinen Futterbau darnach einrichten. Denn es ist ja so ziemlich bekannt, wie viel man von einem bestimmten Futterstoff auf einem gewissen Areal baut. Zur größern Bequemlichkeit fügen wir hier eine Tabelle über die Erträgnisse der verschiedenen Futterstoffe von einem Joche bei.

Erträgniß der verschiedenen Futterstoffe von einem Joche (1600 ☐ Klafter)*).

Stroh von Weizen	30	Centner
„ „ Roggen	35	„
„ „ Gerste	22	„
„ „ Hafer	40	„
„ „ Mais	110	„
„ „ Erbsen	30	„
„ „ Wicken	25	„
„ „ Linsen	12	„
Wiesen-Heu	80	„
Klee-Heu	80	„
Luzerne-Heu	120	„
Esparsette-Heu	30	„
Spergel-Heu	20	„
Kartoffeln	250	„
Topinambur	250	„
Runkelrüben	400	„
Blätter von Runkelrüben	80	„
Krautrüben	500	„
Blätter von Krautrüben	300	„
Kopfkraut	550	„
Strunkrüben	550	„
Blätter von Strunkrüben	100	„
Weiße Rüben	500	„
Möhren	300	„
Grüner Futtermais	800	„

---

*) 1 Joch = ca. 2¼ Morgen preuß.

Niemand wird leugnen, daß, um eine so viel als möglich gleichförmige Nutzung durch das Futter zu erzielen, als auch um das Vieh in einem gleichen Zustande zu erhalten, auch eine so viel als möglich gleiche Fütterung nothwendig sei. Unter einer gleichen Fütterung wird aber verstanden, daß das Thier durch das ganze Jahr hindurch täglich nicht das gleiche Futter in Bezug auf den Stoff, sondern in Hinsicht auf den Nahrungsgehalt erhalte.

Da der Landwirth verschiedene Stoffe von verschiedenem Futterwerthe oder Nahrungsgehalt hat, so kann er nur dann eine so viel als möglich gleiche Fütterung einführen, wenn er den Heuwerth der verschiedenen Futterstoffe kennt und sie nach diesen berechnet verfüttert.

Da gewöhnlich die Marktpreise der Futterstoffe nicht im Verhältnisse stehen mit ihrer Nahrhaftigkeit, so kann der Landwirth nicht unbedeutende Vortheile daraus ziehen. Er kann beim Ueberfluß an Futterstoffen jene verkaufen, welche in Hinsicht ihrer Nahrungskraft theurer bezahlt werden, als andere in gleichem Verhältnisse; im Gegentheil kann er im Falle der Noth jene einkaufen, welche in Hinsicht der Nahrungskraft am wohlfeilsten sind; so z. B. sind ungefähr 50 Pfund Oelkuchen in der Ernährung 100 Pfunden Heu gleich. 50 Pfd. Rapskuchen kosten aber gegenwärtig 1 fl. 12 Kr. C.-M., Heu aber der Centner gegen 2 fl. C.-M.

Die Kunst des Landwirthes besteht darin, daß er von seinen Futtervorräthen so viel als möglich in Produktionsfutter verwandle. Wir wollen dieses durch ein Beispiel anschaulich zu machen suchen. Ein Landwirth hätte nur so viel Futter, daß auf jede seiner vier 600 Pfund schweren Kühe täglich 14 Pfund Heuwerth käme. Rechnet man bei jeder Kuh 10 Pfd. Erhaltungsfutter ab, so bleiben für jede Kuh noch 4 Pfund Produktionsfutter, welche 4 Pfund Milch geben. Er erhält also von allen 4 Kühen auf 16 Pfund Produktionsfutter 16 Pfund Milch.

Er verkauft eine Kuh und theilt dasselbe Quantum von Futter unter 3 Kühe. Die vorigen vier Kühe bekamen 56 Pfund Futter im Ganzen; dieses bekommen nun 3 Kühe; es kommen auf eine Kuh nun $18^2/_3$ Pfund Futter. Zieht man davon 10 Pfund Erhaltungsfutter ab, so bleiben für jede Kuh noch $8^2/_3$ Pfund Produktionsfutter. Bei 3 Kühen macht dieses 26 Pfund, welche eben so viele Pfund Milch geben. Man erhält also von 3 Kühen 6 Pfd. Milch mehr, als von 4 Kühen. Einen solchen wirthschaftlichen Vortheil kann aber nur derjenige Landwirth erstreben, welcher die Futtermenge und die Futteräquivalente genau kennt und zu berechnen versteht.

Wir wiederholen hier, daß man in der Wirklichkeit die Rechnung nicht auf ein Haar oder auf ein Quentchen machen könne, sondern es ist schon von großer Wichtigkeit und unzweifelbarem Nutzen, wenn man durch seine Rechnungen der Wahrheit nur so viel als möglich nahe kommt, statt daß man nur immer im Finstern herumtappt und dadurch hundertfältigen Schaden leidet.

Bei einer gleichmäßigen, nur durch Futterberechnungen möglichen Fütterung wird der Viehstand bei besserer Gesundheit erhalten werden, Krankheiten werden seltener vorkommen, und mancher Schaden und viele Auslagen werden vermieden werden.

Endlich wird die Kenntniß des Futterbedarfes und der Futteräquivalente, sowie der Produktion manche lehrreiche und zugleich nützliche Berechnungen machen lehren, welche dem Landwirth so manches Vergnügen gewähren werden, wenn er darin einige Uebung und Fertigkeit erlangt haben wird.

28. Wie oft soll täglich gefüttert werden?

Im Naturstande haben die Thiere täglich nicht 2 oder 3 Mahlzeiten in einer gewissen Ordnung und zu einer bestimmten Zeit; sie fressen so oft, als sie Appetit und Gelegenheit haben, und fressen so viel, bis sie satt sind, ohne daß es ihnen schadet.

Im Culturstande sollte man immer, wenn nicht andere Zwecke von höherem Interesse entgegenstehen, so viel als möglich die Verhältnisse des Naturstandes nachzuahmen suchen und also auch öfters als 2 oder 3 Mal des Tags füttern. Wo man die Thiere mit größerer Sorgfalt pflegt, gibt man ihnen des Tags 5 Mahlzeiten; nämlich früh, Mittags und Abends, und zu diesen 3 noch 2 Mahlzeiten, nämlich zwischen früh und Mittags eine und die andere zwischen Mittag und Abend. Die ersten drei bleiben aber die Hauptmahlzeiten, während welcher das Melken vorgenommen wird.

Es scheint, daß nach 2 Stunden die Verdauung beendet und zum Theil auch schon die Auffaugung der aus den verbauten Futterstoffen entstandenen Säfte vorüber ist. Wir glauben, daß eine 5malige Fütterung im Tage für das Melkvieh sehr zuträglich ist, und man sollte sie auch bei diesem in Anwendung bringen. Ueberall, wo man eine fünfmalige Fütterung im Tage beobachtete, befanden sich die Kühe auch bei geringern Portionen und nahrungsarmem Futter doch ziemlich wohl und lieferten im Verhältnisse zum genossenen Futter mehr Milch, als man erwarten konnte.

Es sind besonders zwei Fälle denkbar, wo eine 5malige Fütterung, wo nicht nothwendig, doch sehr vortheilhaft sein kann.

Der erste Fall ist vorhanden bei der Grünfütterung, besonders bei jener von grünem Klee. Läßt man die Kühe von einer Mahlzeit zur andern ganze 6 Stunden und noch länger warten, bis sie wieder Klee bekommen, so fressen sie dann zu begierig und können leicht Schaden leiden durch Aufblähen. Daß sie aber während einer so langen Dauer ohne Nahrung um so hungriger werden müssen, je leichter grüne Stoffe verdaut werden, versteht sich von selbst. Gibt man das zur Sättigung nothwenige Grünfutter nur in 3 Portionen, so kommt nothwendig auf eine Portion zu viel, was bei grünem Klee selbstverständlich gefährlich ist. Man veranstaltet also 5 Mahlzeiten und noch kleinere Portionen. Sowohl der wenigere Hunger als die kleineren Portionen werden viele Gefahren des Klees für das Vieh beseitigen.

Der andere Fall, in welchem das Futter des Tags in mehre Portionen getheil werden sollte, tritt dann ein, wenn mehr kraftlose Futterstoffe, welche ein großes Volumen einnehmen, verfüttert werden. Bei nur dreimaliger Anstopfung des Magens mit solchen kraftlosen voluminösen Futterstoffen würden diese zu wenig nähren, daher es besser und rathsamer ist, das Vieh öfter als 3 Mal zu füttern, weil es so mehr zu sich nehmen und besser verdauen kann; auch bleibt nicht so leicht etwas in der Krippe liegen und wird durch Anziehung der Stalldünste verdorben.

Daß das Vieh 5 Mahlzeiten liebe und von einer zur andern verdaut hat, beweist das viele Schreien und das Aufstehen und Unruhigwerden, wenn eine der Mahlzeiten nur um eine halbe Stunde weiter hinausgeschoben wird, wovon ich wohl mehr als hundert Mal Augenzeuge war.

Eine fünfmalige Fütterung im Tage kostet freilich etwas mehr Arbeit; daß sie aber nicht zu den unmöglichen Dingen gehöre, wird durch den wirklichen Bestand derselben auf einem größern Meierhofe mit 35 Stücken Rindvieh bewiesen.

29. **Wie verhält sich das Erhaltungsfutter zu dem Produktionsfutter, wenn man der Kuh im Ganzen nicht volle 3½ Pfd. Heuwerth auf 100 Pfund lebenden Gewichts geben kann?**

Wir haben gehört, daß zur vollkommenen Sättigung und und Ernährung 3½ Pfund Heuwerth auf 100 Pfd. lebenben Gewichts erforderlich sind, und daß davon die eine Hälfte, nämlich 1⅔ Pfund als Erhaltungsfutter, die andere Hälfte aber als Produktionsfutter zu betrachten sei. Sehr häufig wird aber weit weniger gefüttert, und es entsteht nun die Frage: Wie verhält sich bei einer geringern Fütterung das Erhaltungsfutter zu dem Produktionsfutter?

Diese Frage ist nicht so schwer zu beantworten. Das Erhaltungsfutter bleibt immer auf 100 Pfd. lebenden Gewichts 1⅔ Pfd. Heuwerth; diese 1⅔ Pfd. nimmt die Kuh in Anspruch und zwar ganz folgerichtig. Das Leben der Kuh ist die unerläßliche und vorausgehende Bedingung aller Produktion, und sie produzirt nur von dem, was von dem Gesammtfutter nach Abzug des Erhaltungsfutters übrig bleibt. Erst muß die Kuh für die Erhaltung der Maschine sorgen, dann erst kann sie produziren. Sie erhält aber die Maschine durch das Futter und produzirt aus dem Futter. Die Kuh handelt hier nach der Regel des gemeinen Sprüchwortes, welches da lautet: Das Hemd ist dem Leibe näher als der Rock; und man darf es der Kuh nicht verargen, wenn sie bei der Futterverwendung zuerst an sich und dann erst an uns denkt. Wir dürfen der Kuh aber auch nicht zürnen, wenn sie bei geringerem Futter zwar gut aussieht und, wie man sagt, etwas auf ihren Balg legt und uns etwas weniger Milch gibt. Da sind wir nur selbst Schuld daran. Die Kuh gibt uns weniger in den Topf, weil wir ihr weniger in den Kropf geben. Wenn eine 600pfündige Kuh statt 20 Pfd. Heuwerth täglich nur 15 Pfd. bekommt, dann kommen freilich auch nur 5 Pfd. statt 10 Pfd. Heuwerth auf das Produktionsfutter, indem die Kuh bei 15 Pfd. so gut wie bei 20 Pfd. Totalfutter 10 Pfund Erhaltungsfutter in Anspruch nimmt; wir müssen also zufrieden sein, wenn sie uns statt 10 Pfd. nur 5 Pfund Milch im Durchschnitte täglich liefert. Sollte sie von den 15 Pfd. Totalfutter nur die Hälfte, nämlich 7½ Pfd. als Erhaltungsfutter in Anspruch nehmen, dann müssen wir sie um 150 Pfund leichter und um eben so viel schwächer machen.

---

30. **Wie stellt man es an, daß man selbst bei Futterstoffen von geringerem Werthe und bei weniger Futter als 3½ Pfund Heuwerth auf 100 Pfund lebenden Gewichts das Vieh dennoch in einem guten Zustande erhält?**

Was ich hier über diesen Punkt sagen werde, ist ganz aus der wirklichen Erfahrung geschöpft, daher auch über alle Zweifel erhaben, weshalb ich im Folgenden nur die Geschichte eines Viehstandes auf einem Meierhofe erzähle.

Im Stalle dieses Meierhofes befinden sich 35 Stück Kühe, welche ein Gewicht von 500—800 Pfund haben. Durch den Sommer erhielten sie wohl so viel Klee, daß auf 100 Pfd. lebenden Gewichts 3½ Pfd. Heuwerth und vielleicht noch etwas mehr kam; denn die Portionen konnten nicht strenge abgemessen werden. 30 Stücke wurden im Monate August 1854 gemolken. Obwohl alle Kühe schon lange und zwar größtentheils im vorhergehenden Winter und Frühjahre abgekalbt hatten, so entfielen dennoch im Durchschnitte auf eine Kuh täglich 20 Seidel oder 5 Maß oder 12½ Pfund Milch.

Vom Monat November wurde wegen Futtermangels, und weil 400—500 Stück Schafe auf den Futtervorrath nur einen allzugroßen Anspruch machten und das beste Futter deßwegen erhielten, weil sie zu den edelsten und feinwolligsten gehörten, folgende Futterpassirung für eine Kuh streng vorgeschrieben und bei der eben so strengen Aufsicht auch genau vollzogen.

Tägliche Futtermenge für eine Kuh:

½ Bund oder 6 Pfund Gerstenstroh	= 3	Pfd. Heu
4 Pfd. Kornstroh zu Häcksel	= 1⅓	„ „
3 „ Kleinet	= 2	„ „
6 „ Siede	= 6	„ „
1 „ Oelkuchen	= 2	„ „
20 Pfd. Gewicht	= 14½	Pfd. Heu.

Ich halte dafür, daß der Heuwerth aller dieser Futterstoffe noch zu hoch angesetzt wurde; er dürfte nach meiner Rechnung sich kaum auf mehr als 12½ Pfund belaufen; dazu erhält jede Kuh täglich 2 Loth Viehsalz.

Wie sehen die Kühe aus, und wie viel Milch geben sie?

Die meisten Kühe sehen so gut aus, daß sie für die Fleischbank verkauft werden können. Nur eine einzige ist etwas magerer, und zwar deßwegen, weil sie eine sehr gute Melkkuh ist.

In Hinsicht des Milchnutzens füge ich hier die Ergebnisse vom Anfange des Monates Februar 1855 bei.

Gemolken werden nur 15 Kühe; die übrigen stehen, weil nahe dem Kalben, ohne Milch. Unter den 15 Kühen, welche noch gemolken werden, sind nur 3 nach dem Kalben. Mittags werden von diesen 15 Kühen nur 9 und Abends nur 11 gemolken. Es entfallen auf eine Kuh im Durchschnitte täglich 15⁶/₁₀ Seidel oder 3,9 Maß oder 9,8 Pfd. Milch.

Von den neumelkenden Kühen gab jede nach dem Kalben durch längere Zeit etwas über 8 Maß oder 20 Pfd. Milch. Zu bemerken ist jedoch, daß die neumelkenden Kühe nach dem Kalben, und so lange die Kälber saugen, nebst dem gemeinschaftlichen Futter nur noch etwas wenige Tränke mit Schrot erhalten.

Wie ist es möglich, daß diese Kühe, welche nur 2 bis 4 Pfd. Produktionsfutter erhalten, dennoch unglaublich gut aussehen und täglich 10 Pfd. Milch geben?

Darauf kann ich nur Folgendes antworten:

Vor Allem muß, was sehr wichtig ist, bemerkt werden, daß alle Kühe sehr gut aus der Sommer- und Herbstfütterung in die Winterfütterung kamen. Das Meiste wirkt aber die sehr strenge Stallordnung. Täglich wird fünfmal Futter verabreicht; früh um 6 Uhr, dann zwischen 9 und 10 Uhr, um 12 Uhr Mittags und um 3 und 6 Uhr Abends. Es wird für die größte Reinlichkeit im Stalle Sorge getragen. Jede Kuh wird täglich gestriegelt und gebürstet. Getränkt wird 2 Mal, früh nach dem Melken und Abends vor dem Melken. Im Durchschnitt kann man auf eine Kuh täglich 5 Kannen Wasser à 6 Maß, also fast 80 Pfd. rechnen. Damit Alles pünktlich geschehe, darüber wacht eine strenge und fleißige Aufsicht.

31. Kann eine Kuh auch mehr als 3½ Pfd. Heuwerth auf 100 Pfund lebenden Gewichts täglich verzehren?

Wir können darauf nur eine bejahende Antwort geben, und zwar unter folgenden Bedingungen:

a) Wenn die Kuh vollkommen gesund ist,

b) eine gute Verdauung hat, welche zum Theil von einer starken Brust, also großen Lunge abhängt.

c) Wenn das Futter kräftiger als Heu, also bei demselben Volumen mehr nährende Theile hat.

d) Wenn das Futter durch Kochen, Brühen, Säuern zubereitet wird.

e) Wenn es durch Salzzugabe angenehmer gemacht wird.

f) Wenn das Futter in mehr als 2—3 Mahlzeiten vertheilt wird.

g) Besonders gern und viel fressen die Thiere von grünem und saftigem Futter.

Die Kuh wird auf mehr Futter, als ihr auf 100 Pfd lebenden Gewichts gebührt, auch in der Regel mehr Milch geben, obwohl auch dieses eine Grenze hat; nebstdem wird sie auch einen Theil des Futters auf Fleischvermehrung verwenden.

32. Beispiele von Fütterungen und Milcherträgnissen.

Dombasle rechnet bei der kleinen Race in der Umgegend von Roville, daß eine Kuh täglich 30 Pfund Heu verlange; den Ertrag an Milch nimmt er zu ungefähr 1000 Maß jährlich an. 10—11 Maß werden zu 1 Pfund Butter erfordert. Die Kuh gibt also jährlich gegen 100 Pfd. Butter

Villeroy hält dieses für einen geringen Ertrag, woran die schlechte Wartung der Kühe Ursache sei, wovon er sich durch seine Gegenwart im Jahre 1848 überzeugte. Villeroy gibt seinen Kühen 30—40 Pfund Heuwerth.

Nach Schwerz gibt eine gute flandrische Kuh täglich 8 bis 11 Maß Milch.

Sinclair sagt: Karven schätzt den Ertrag, den er von seinen Milchkühen erhalten kann, im Durchschnitt von einer gut genährten Milchkuh von guter Race jährlich auf 2800 Maß.

Die Ayrshire-Kühe geben im Durchschnitt jährlich 2880 Maß Milch. 12 Maß Milch gaben ungefähr 1 Pfd. Butter.

Eine gute schottische Kuh gibt täglich 12½ Maß, jährlich 6750 Maß Milch. Diesen enormen Betrag bekommt man in den Milchwirthschaften zu Glasgow. Die dortigen Kühe werden aus den besten Racen des Landes ausgewählt und sehr gut gefüttert.

Georg Rennie zu Fantasie hatte eine Kuh, welche eine Woche lang jeden Tag gegen 36 Maß Milch und mithin in der Woche gegen 22 Pfund Butter gab.

Man trifft Kühe von der Suffolker Race, welche zur günstigen Jahreszeit 28 Maß Milch geben.

Die kleine Albernahrace, welche in den Parks der Großen gehalten wird, hat keine andern Vorzüge, als eine ausnehmend fette Milch, von welcher sie aber wenig gibt. Man führt eine Kuh von dieser Race an, welche drei Wochen lang jede Woche 18 Pfd. Butter gab.

Im Glanthal nimmt man an, daß eine sehr gute Milchkuh im Sommer, neumelkend und mit grünem Klee gefüttert, 18 Maß Milch täglich geben müsse.

Ju Holstein erhält man das ganze Jahr hindurch täglich

im Durchschnitte 19—20 Maß, also im Jahre ungefähr 7000 Maß.

Zu Hofwyl erhält man von einer großen Schweizer Kuh jährlich 166 Pfd. Butter.

Zu Campnie erhält man nach Schwerz von einer Kuh jährlich 200 Pfd. Butter.

Schwerz sagt, man treffe in den nördlichen Theile der Campnie Kühe, welche in Holland angekauft werden und bei Stallfütterung neumelkend täglich beinahe 2 Pfd. Butter geben. Ebenso sagt er, er habe bei den Trappisten in Weßmall zwei friesische Kühe gesehen, von denen jede bis zu 3 Pfd. Butter täglich gegeben habe.

In den Poldern erhält man von einer Kuh, die auf der Weide gehalten wird, 280 Pfd. Butter.

In den Niederlanden gibt eine Kuh, wenn sie gut gehalten wird, Jahr aus Jahr ein nach allgemeiner Annahme 200 Pfd. Butter.

Zu Young in Northampton findet man Kühe, welche eine wirklich merkwürdige Menge Butter geben, nämlich wöchentlich bis zu 12 Pfd. In einem Stalle mit 40 Kühen gibt es wenigstens eine, die so viel Butter gibt. Man kann darauf rechnen, daß im Durchschnitt des Jahres jede Kuh jede Woche 5 Pfd. Butter gibt.

Weckherlin, ehemals Director der landw. Lehranstalt zu Hohenheim, gibt als Milchertrag verschiedener Rindviehracen folgende Zahlen an:

	tägl. Fütterg.	jährlich
Holländer Race	33 Pfd. Heuwerth	1637 Maß Milch
Teeswater	30 „ „	1228 „ „
Yorkshire	28 „ „	1281 „ „
Suffolk	28 „ „	1052 „ „
Devonshire	24 „ „	704 „ „
Herefordshire	24 „ „	579 „ „

	tägl. Fütterg.	jährlich	
Alberney	24 Pfd. Heuwerth	965 Maß Milch	
Schwyzer	30 „ „	1441 „	„
Uri und Hasli	25 „ „	1183 „	„
Gurten	28 „ „	1264 „	„
Mürzthaler	25 „ „	805 „	„
Schwäb.-Haller	25 „ „	1006 „	„
Allgäuer	25 „ „	1163 „	„
Ungar.	25 „ „	381 „	„
Ungar.-Allgäuer	25 „ „	780 „	„

In Sachsen hat durchschnittlich eine Kuh gegeben von Allgäuer Race 2026 Maß Milch und 240 Pfd. Butter

„ Holländer	2178 „	„ „	225 „	„
„ Oldenburger	2216 „	„ „	223 „	„
„ Landvieh	1607 „	„ „	170 „	„

Bei diesen Kühen ist aber auch die tägliche Fütterung zu betrachten, und wir werden uns über den großen Milchertrag nicht verwundern.

Eine Allgäuer Kuh erhielt täglich 30 Pfd. Heuwerth
„ Holländer „ „ „ 36—40 „ „
„ Oldenburger „ „ „ 36 „ „
„ Landvieh „ „ „ 30 „ „

1 Centner Heu hat produzirt:
bei einer Allgäuer Kuh 20,3 Maß Milch
„ „ Holländer „ 18,1 „ „
„ „ Oldenburger „ 17,9 „ „
„ „ Landschlag „ 16,1 „ „

Werden 300 Melktage im Jahre angenommen, so gibt täglich
eine Allgäuer Kuh 6,7 Maß Milch
„ Holländer „ 7,2 „ „
„ Oldenburger „ 7,4 „ „
„ Landschlag „ 5,3 „ „

Wir wollen hier noch beifügen die Fütterung und das

Milcherträgniß eines Meierhofes in Böhmen, welcher Kühe hatte von gewöhnlichem böhmischen Schlage. Die Winterfütterung beträgt täglich für eine Kuh 10 Pfd. Heuwerth und dauert vom ersten November bis letzten April. Im Monate Mai wird dem Häcksel Gras beigemengt, und Anfangs Juni tritt die volle Sommerfütterung mit 80—90 Pfd. Klee ein. Von der Mitte des Monates August kommt das Vieh auf die Stoppelweide, und gegen Ende September wird auch auf trockenen Wiesen und Kleefeldern geweidet und zu Hause mit Rüben und Krautabfällen gefüttert. Die Resultate sind der Durchschnitt von einer Anzahl von 12 Stücken Kühe. Durch 2 Jahre wurde die Milch gemessen. Es kamen im Jahre auf eine Kuh $711\frac{1}{2}$ Maß Milch. Rechnen wir 300 Melktage, so erhalten wir das tägliche Milcherträgniß einer Kuh mit 2,37 Maß, welches ein ziemlich großer Abstand von dem Erträgniß des sächsischen Landschlages mit täglich 5,3 Maß ist. Die Winterfütterung bestand aber bei letzteren Kühen in 30 Pfd., bei dem böhmischen Landschlag nur in 10 Pfd. Heuwerth.

Von Interesse ist die Milchergiebigkeit auf obigem böhmischen Meierhofe nach den Monaten auf eine Kuh vertheilt:

	Erstes Jahr	Zweites Jahr
November	$37^{8}/_{12}$ Maß	40 Maß
Dezember	31 „	$35^{9}/_{12}$ „
Januar	$27^{8}/_{12}$ „	$30^{6}/_{12}$ „
Februar	$25^{11}/_{12}$ „	$26^{6}/_{12}$ „
März	$34^{2}/_{12}$ „	26 „
April	$51^{8}/_{12}$ „	30 „
Mai	$62^{8}/_{12}$ „	$48^{3}/_{12}$ „
Juni	$99^{4}/_{12}$ „	$88^{9}/_{10}$ „
Juli	$98^{9}/_{12}$ „	$96^{3}/_{12}$ „
August	$106^{4}/_{12}$ „	112 „
September	$86^{7}/_{12}$ „	$94^{6}/_{12}$ „
Oktober	$69^{10}/_{12}$ „	$62^{9}/_{12}$ „
	$731^{1}/_{6}$ Maß	692 Maß

2jähriger Durchschnitt $711\frac{1}{2}$ Maß.

Aus dieser Tabelle ist zugleich ersichtlich, daß im Monate Februar die wenigste Milch in einem Stalle erhalten wird, wo viele Kühe sind. Von da an steigt die Milch bis Ende August, von welchem Monat an sie wieder abnimmt, bis zum Monate Februar. Dieses stimmt auch fast ganz mit unsern Erfahrungen überein.

Interessant sind auch die Erfahrungen, die man auf diesem Meierhofe über die Milchergiebigkeit der Kühe, nach den Stunden des Tages und der Nacht berechnet, machte. Vom 1. August 1854 ab wurde das jedesmal gewonnene Milchquantum gemessen und aufgezeichnet. Gemolken wurde des Tages drei Mal: früh um 6 Uhr, Mittags 12 Uhr, Abends 6 Uhr. Die Zahl der melkbaren Kühe war 30. Die Fütterung geschah mit Klee, und zwar jedesmal während des Melkens, also früh um 6, Mittags um 12 und Abends um 6 Uhr. Ueberdies erhielten die Kühe noch Vormittags um 9 Uhr und Nachmittags um 3 Uhr eine Mahlzeit; sie wurden also des Tages fünf Mal gefüttert. Aus der im Ganzen von allen 30 Kühen früh, Mittags und Abends erhaltenen Milchmenge wurde das auf eine Kuh entfallende durchschnittliche Maß in Seideln für eben diese Zeiten berechnet. Nachdem man gefunden hatte, wie viel von einer Kuh im Durchschnitt früh, Mittags und Abends gemolken wurde, berechnete man daraus, wie viel Milch auf jede Stunde komme, und zwar:

a) auf eine Stunde von Abends 6 Uhr bis früh 6 Uhr,
b) „ „ „ „ früh 6 „ „ Mittags 12 Uhr,
c) „ „ „ „ Mittags 12 „ „ Abends 6 „

Das Resultat war folgendes:

Eine Kuh gab durchschnittlich jede Stunde
von Abends 6 Uhr bis früh 6 Uhr 0,62 Seidel Milch
„ früh 6 „ „ Mittags 12 „ 0,75 „ „
„ Mittags 12 „ „ Abends 6 „ 0,90 „ „

Aus diesen Berechnungen ersieht man, daß die Kühe in den Vormittagsstunden verhältnißmäßig am wenigsten, in den Nachmittagsstunden am meisten, in den Stunden der Nacht aber das Mittel an Milch zwischen den Vormittags- und Nachmittagsstunden gaben.

Lassen wir die huntertheiligen Brüche weg, so erhalten wir folgendes Verhältniß:

Das in jeder Stunde der Nacht erhaltene Milchquantum verhält sich zu dem in jeder Stunde Vormittags erhaltenen Milchquantum wie 8 : 7, oder was dasselbe ist: Wenn man in einer Stunde der Nacht 8 Seidel Milch erhält, so entfallen auf eine Stunde des Vormittags nur 7 Seidel.

Noch auffallender ist das Verhältniß zwischen Vormittag und Nachmittag, wo wir das Verhältniß wie 7 : 9 erhalten, oder was dasselbe ist: Wenn wir in einer Stunde Vormittags 7 Seidel Milch erhalten, so gibt jede Stunde Nachmittags 9 Seidel. Wir erklären dies folgendermaßen: Auf die Milcherzeugung am Vormittag kommen nur 2 Fütterungen, und diese können noch nicht ganz und vollständig darauf wirken, weil die Nahrungsstoffe, wenn auch ganz verdaut, doch noch nicht vollständig extrahirt und in Milch umgewandelt sind. Auf die Erzeugung der Abendmilch können nicht nur die 2 Fütterungen Vormittags, sondern auch Nachmittags einwirken, daher der Milchertrag am Abend größer ist als zu Mittag. Während der Nacht können die 2 Fütterungen vom vergangenen Vormittage nicht mehr wirken, wohl aber die 3 Fütterungen vom Mittag bis zum Abend.

Uebrigens geben die Stunden der Nacht eben so viel Milch als die Stunden am Tage. Berechnen wir die Milchergiebigkeit nach den Verhältnissen von 7, 8, 9, so erhalten wir folgendes Resultat:

6 Stunden Vormittags geben 7 × 6 = 42 Seidel
6 Stunden Nachmittags geben 9 × 6 = 54 Seidel

Zusammen: 96 Seidel
12 Stunden der Nacht geben 8 × 12 = 96 Seidel.
Es sind ja auch 7 + 9 gleich 2 × 8 = 16.
Die Milch am Morgen soll deshalb besser sein, weil sie länger im Euter ist.

---

33. Einfluß des Futters auf die Quantität und Qualität der Milch.

Man sollte nicht allein von dem Einflusse des Futters auf die Quantität und Qualität der Milch sprechen. Es hat auch jede Race und in jeder Race wieder jedes einzelne Stück einen Einfluß auf das Futter. Die Kuh, haben wir gesagt, ist einer Maschine vergleichbar. Nicht jede Maschine bewegt sich und arbeitet gleich gut. Diese Verschiedenheit der Wirkung hängt ab von der Verschiedenheit der Maschinen in Hinsicht ihrer Beschaffenheit.

So haben wir z. B. oben gesehen, daß ein Centner Heu produzirt:

bei einer Allgäuer Kuh 20,3 Maß Milch
„ „ Holländer   „ 18,1 „   „
„ „ Oldenb.   „ 17,9 „   „
„ „ Landschlag „ 16,1 „   „

Da die Güte der Milch von dem Buttergehalte abhängt, so haben wir wieder Racen, welche sehr wenig Milch, aber verhältnißmäßig sehr viel Butter durch dieselbe liefern, wie z. B. die Alberneyrace, welche sehr wenig, aber sehr fette Milch gibt. Diese Milch muß beinahe den Gehalt des Rahms haben, da von einem Stücke dieser Race erzählt wird, daß es durch 3 Wochen hindurch jede Woche 18 Pfd. Butter gab.

Bei manchen Racen und einzelnen Thieren derselben wirkt das Futter mehr auf Milcherzeugung, wie z. B. bei der friesischen Race; bei anderen wirkt es mehr auf Fleischzuwachs, wie z. B. bei der Tiroler, Durhamer Race und zum Theil auch bei dem Bernervieh; ihre Milch ist aber wieder butter- und käsereicher.

Bei der Aufzucht der Kälber, sowohl der Stier= als Kuhkälber sieht man darauf, daß sie von vorzugsweise milch= ergiebigen Müttern sind, wenn die Aufzucht in der Absicht geschieht, um gute Melkkühe aus den Kälbern zu erhalten. Erfahrungen in dieser Hinsicht müssen also schon gelehrt haben, daß man sich Kühe erziehen und anschaffen könne, welche das Futter vortheilhafter in Milch verwandeln, und daß also die Kuh als Maschine einen bedeutenden Einfluß auf die Umwandlung des Futters in Milch sowohl der Qua= lität als der Quantität nach habe, und es ist eine Klugheits= regel des Landwirthes, sich immer jene Maschinen auszu= wählen, welche das dargereichte Futter am meisten ver= werthen.

Daß aber auch das Futter einen großen Einfluß auf Milch= ergiebigkeit, auch abgesehen von den verschiedenen Racen, habe, ist eben so wahr. Im Allgemeinen kann man be= haupten, daß zucker= und schleimhaltige Futterstoffe, z. B. Rüben, Kleien, Mehl, Leinkuchen, die Milchabsonderung steigern und ihren Zuckergehalt vermehren, daß aber stärke= mehl= und kleberhaltige Futterstoffe mehr auf Fleisch= und Fettbildung wirken und den Buttergehalt in der Milch er= höhen.

Man irrt sich aber oft sehr in Hinsicht des Einflusses der Futterstoffe auf die Milcherzeugung, und zwar aus dem Grunde, weil man durch das ganze Jahr höchst ungleiche

Futterportionen in Hinsicht des Heuwerthes verabreicht. So gibt man in den Sommermonaten grünen Klee; aber die Portion davon beträgt oft den dreifachen Heuwerth von jenem Futter, welches im Winter gefüttert wird. Man füttert im Herbste und Anfangs Winters eine große Menge Kartoffeln, Runkelrüben, ohne ihren Heuwerth zu kennen; das Wurzelwerk geht zu Ende, und man füttert darauf nur fast bloßes Stroh; da kann es denn nicht anders kommen, als daß man manche Futterstoffe in Bezug auf Milchergiebigkeit überschätzt. Würde man durch das ganze Jahr die Futterstoffe in gehöriger Mischung und in gleichem Heuwerthe geben, dann würde man kaum so viele Ungleichheiten in der Milchergiebigkeit wahrnehmen, so wie auch die Qualität der Milch sich nicht sehr ändern würde.

Jede Hausfrau freut sich auf die Sommer-Butter wegen ihrer Schönheit und Güte. Man darf sich über letztere Beschaffenheit nicht so sehr wundern, wenn man durch den Winter fast nichts anderes als kraftloses Stroh und dann auf einmal Weizenserbe, Klee, Mais u. s. w. fütterte. Ich kenne große Stallungen, wo man im Winter eben so gute Butter und Milch erhält als im Sommer, weil man im Winter eben so gut zu füttern versteht und bemüht ist, als im Sommer.

Daß eine sehr ungleiche Fütterung im Jahre, wo die Kühe bald bei schlechter, nahrungsarmer, geringer Fütterung nur schlechte und wenige Milch geben, bald wieder durch übertriebene Fütterung gleichsam gezwungen werden, mehr Milch zu geben, keineswegs zum Vortheile der Viehzucht seyn kann, wird Jeder zugeben, welcher nur halbenwegs etwas zu denken vermag und in der Viehzucht buchstabiren gelernt hat.

Wir wollen hier einige Futterstoffe anführen, welche einen mehr oder weniger vortheilhaften Einfluß auf das Melkvieh haben.

Man gibt allgemein dem grünen, saftigen Futter den Vorzug vor dem trockenen. Solche Futterstoffe liefert theils die Natur, theils werden sie künstlich erzeugt. Zu den von Natur erzeugten grünen Futterstoffen gehören Gras, grüner Klee, Futterwicken, Mais, Kartoffeln, Rüben mit ihren Blättern, Ackerspergel, grün abgemähtes Getreide u. s. w. Ackerspergel und Runkelrüben mögen wohl am günstigsten auf Milcherzeugung einwirken. Der Mais hat die überspannten Erwartungen, welche man sich von ihm machte, nicht erfüllt, doch gehört er zu den bessern Futterstoffen, und es wäre nur zu wünschen, daß dergleichen Futter recht viel angebaut werde. Die Riesen- oder grünköpfige Möhre hat auf Milch einen ungünstigen Einfluß geäußert und eine talgartige Butter geliefert.

Versteht man die meisten trockenen, etwas nahrhafteren Futterstoffe, insbesondere durch Beimischung von verschiedenem Wurzelwerk, in saftiges Futter oder wohl gar in sogenannte Suppen durch Brühen, Dämpfen, Säuern u. s. w. zu verwandeln, so nähert sich dieses Futter in seinen Wirkungen dem Grünfutter.

Daß saftige Futterstoffe, sie mögen natürliche oder künstliche sein, auf Milcherzeugung mehr hinwirken, ist aus der leichtern Verdaulichkeit und aus der größern Menge Wasser zu erklären, welches die Thiere zu sich zu nehmen gereizt werden.

Besonders wünschenswerth sind die Oelkuchen, wenn man sie nicht in zu großer Quantität zur Fütterung verwendet. Ueber 2 Pfund soll man täglich der Kuh nicht geben. Sie wirken nicht nur günstig auf Milchergiebigkeit, sondern auch auf Fleischansatz.

Bittere Milch gibt das so sehr geschätzte Gerstenstroh, freilich nur dann, wenn es vorzugsweise als Futter verwendet wird. Einige wollen in dem häufigen Genuß desselben sogar die Ursache der Läusekrankheit gefunden haben; wahrscheinlich war die schlechte Reinigung der Thiere Ursache.

Nach dem Erbsenstroh sollen bei vielem und längerem Füttern mit demselben die Kühe sogar nach und nach aufhören, Milch zu geben.

Man folge nur dem oben gegebenen Rathe und setze die Futterportionen aus verschiedenen Futterstoffen zusammen, und man wird keine nachtheiligen Folgen zu fürchten haben.

Betrachten wir die chemischen Bestandtheile der Milch nach verschiedenen Futterstoffen, so sind sie gerade nicht so sehr verschieden, als man es sich vorstellen könnte.

Auf seinem Gute Bechelbronn im Elsaß hat der als Landwirth sowohl als auch als Chemiker berühmte Boussingault in dieser Hinsicht durch ein Jahr mit 8 Kühen Versuche gemacht, welche wir in der folgenden Tabelle mittheilen. Bemerken müssen wir dazu, daß die Fütterung der Kühe auch in Bechelbronn nach den Jahreszeiten verschieden ist; allein man kann annehmen, daß jedes Stück täglich so viel an Futterstoffen erhält, als 30 Pfunden Heu gleichkommt. Im Winter besteht das Futter aus Heu und Wurzeln oder Knollen, im Frühjahre wird allmählig zur Kleefütterung übergegangen, bis endlich reine Grünfütterung eintritt.

Erste Reihe, Elsasser Kuh.

Tag nach dem Kalben.	Milchertrag binnen 24 Stunden in Litern*).	Feste Stoffe in 100 Theil. Milch.	Futterstoffe, an Nahrungsstoff so viel wie 30 Pfund Heu.	Bestandtheile der Milch.				
				Käsestoff.	Butter.	Milchzucker.	Salze.	Wasser.
1	5,0	21,6	Kartoffeln, Heu.	15,1	2,6	3,6	0,3	78,4
13	7,5		"					
24	10,6	11,2	Heu, grüner Klee.	3,0	3,5	4,5	0,2	88,5
35	12,0	13,1	Grüner Klee.	3,1	5,6	4,2	0,3	86,9
200	5,6	12,3	Heu.	3,0	4,5	4,7	0,1	87,7
207	6,6	12,4	Rüben.	3,0	4,2	5,0	0,2	87,6
215	5,6	12,9	Runkeln.	3,4	4,0	5,3	0,2	87,1
229	5,0	13,5	Kartoffeln.	3,4	5,0	4,9	0,2	86,5
240	3,6		Heu.					
270	3,4		Kartoffeln.					
290	3,5	12,5	Erdäpfel.	3,3	3,5	5,5	0,2	87,5
302	2,8	13,2	Heu und Oelkuchen.	3,4	3,6	6,0	0,2	86,8

*) 1 Liter = 2⁵³⁄₆₄ Seidel.

Zweite Reihe, Schweizer Kuh.

Tag nach dem Kalben.	Milchertrag binnen 24 Stunden in Litern.	Feste Stoffe in 100 Theil. Milch.	Futterstoffe, an Nahrungswerth so viel wie 30 Pfund Heu.	Bestandtheile der Milch.				
				Käsestoff.	Butter.	Milchzucker.	Salze.	Wasser.
176	9,3	13,5	Kartoffeln, Heu.	2,3	4,8	5,1	0,3	86,5
182	8,9	12,8	Heu, grüner Klee.	4,0	4,5	4,0	0,3	87,2
193	9,8	11,2	Grüner Klee.	4,0	2,2	4,7	0,3	88,8
204	7,8	12,6	Klee in der Blüthe.	3,7	3,5	5,2	0,2	87,4

34. Einfluß gehaltloser und kräftig nährender Futterstoffe auf das Thier und seine Produkte.

Wir haben schon erwähnt, daß man unter gehaltlosen Futterstoffen jene verstehe, welche in ihrem trockenen Zustande weniger nähren als Heu; im Gegentheile sind die kräftig nährenden Futterstoffe diejenigen, welche im tockenen Zustande mehr nähren als Heu. Zu jenen gehören alle Strohgattungen von reifem Getreide, zu letzteren die Getreidekörner, Wurzeln, Knollen u. s. w.

Thiere, welche mit gehaltlosen Futterstoffen, besonders in ihrer Jugend, genährt werden, bleiben in ihrer Entwickelung zurück, verlieren die schöne Form in ihrem Baue, die Eingeweide werden zu sehr ausgedehnt, der Bauch wird verhältnißmäßig gegen die übrigen Theile zu groß und mehr oder weniger tonnenförmig und stark herabhängend, die Absonderung der Milch wird vermindert, der Geschlechtstrieb unterdrückt, das Fleisch grobfaserig, zähe und trocken, die Haut dick, die Haare rauh und grob, die Knochen mehr trocken und weniger elastisch, die Rippenknochen ausgedehnt, der Brustkorb unverhältnißmäßig erweitert und überhaupt alle thierischen Produkte minder schmackhaft.

Das Gegentheil findet bei einer reichlichen, kräftigen naturgemäßen Nahrung statt, und der Landmann findet in ihr, verbunden mit einer etwas spätern Paarung, die Mittel, um die Größe der Hausthiere zu erhöhen und die Qualität der thierischen Produkte zu verbessern.

Wer seinen Thieren nichts anderes spenden will, als eine magere Weide, Stroh, Abrechlinge, Siebe u. s. w., dem rathen wir, sein Vieh sammt den kraftlosen Futterstoffen lieber

zu verkaufen, als daß er sich mit dem Verbrechen der Thier=
quälerei brandmarkt. Wer das Thier im Culturzustande
nicht weiter bringt, als im Naturzustande, der verdient den
Namen eines Viehzüchters nicht. Auf diesen Namen dürfen
freilich die wenigsten unserer kleinen Landwirthe stolz sein.
Futter, naturgemäßes, kräftiges, wohl zubereitetes, reichliches
Futter, verbunden mit der sorgfältigsten Pflege und pünkt=
lichsten Ordnung, bringen auch die nachlässigste Landrace
wieder empor. Das soll das Bestreben des Landwirthes sein.

35. Wer handelt klüger, wer reichlich oder wer karg füttert?

Um Vielen die Augen in Hinsicht der Fütterung und der
Viehzucht zu öffnen, indem sie nur stolz sind auf die An=
zahl der Kühe, sich aber nicht rühmen können mit dem
guten Aussehen derselben, noch weniger mit einem erklecklichen
Ertrag von denselben, so theilen wir nachfolgende Tabelle
mit, welche ihnen einigermaßen darüber Aufschluß geben soll,
wer von der Viehzucht den meisten Nutzen hat, ob derjenige,
welcher reichlich, oder derjenige, welcher karg füttert!
Wir nehmen in dieser Tabelle Kühe mit ungefähr 600
Pfd. lebenden Gew. an und setzen den Fall, daß der Land=
wirth täglich 400 Pfd. Heuwerth zu verfüttern habe. Wir
rechnen hier nichts auf die Produktion der Kälber im Mutter=
leibe, sondern wollen von dem Produktionsfutter nur Milch
erzeugen lassen, so daß 1 Pfund Heuwerth als Produktions=
futter 1 Pfd. Milch liefert. Gesetzt, der Landwirth hätte 30
Kühe. Nach und nach verkauft er immer zwei Stück auf
einmal, bis er endlich nur noch 10 Stück hat; er gibt aber

an Futter täglich immer 400 Pfd. Heuwerth fort, wenn die Zahl der Kühe auch um mehr als die Hälfte abnimmt. Den Werth von 1 Pfd. Milch nehmen wir zu 1½ kr. C.-M. an, um die Erfolge auch in Geldwerth anschaulich darzustellen.

Anzahl der Kühe	Total-futter	nothwendiges Erhaltgsfutter.	übrigbleibendes Produktionsfutter	Milch-ertrag	Geldwerth à Pfd. 1½ kr.	
30	400	300	100	100	2 fl.	30 kr.
28	400	280	120	120	3 „	— „
26	400	260	140	140	3 „	30 „
24	400	240	160	160	4 „	— „
22	400	220	180	180	4 „	30 „
20	400	200	200	200	5 „	— „
18	400	180	220	220	5 „	30 „
16	400	160	240	240	6 „	— „
14	400	140	260	260	6 „	30 „
12	400	120	280	280	7 „	— „
10	400	100	300	300	7 „	30 „

Wenn auf 20 Kühe täglich 400 Pfd. Heuwerth als Futter verabreicht wird, so theilen sich Erhaltungs- und Produktionsfutter gerade in 2 Hälften, wovon jede Hälfte 200 Pfund beträgt. Es kommen auf jede einzelne Kuh 20 Pfd., was zur vollständigen Sättigung und Ernährung hinreichend ist, und wobei die Kuh auch noch genügend und zufriedenstellend Milch liefern kann; denn es fallen auf die Erhaltung der Kuh die erfahrungsmäßig nothwendigen 10 Pfd. Heuwerth und auf die Produktion von Milch auch noch 10 Pfd. Heuwerth.

Läßt man die Anzahl der Kühe von 20 Stücken bis auf 30 Stück bei demselben täglichen Futter von 400 Pfd. Heuwerth für alle Kühe zunehmen, so nimmt mit jeder Kuh das Erhaltungsfutter um 10 Pfd. zu, das Produktionsfutter aber um 10 Pfd. im Ganzen ab; man erhält also auch um so viele Pfd. Milch weniger.

Hält man im Gegentheile weniger Kühe als 20, so erspart man bei jeder Kuh, welche man weniger hält, 10 Pfd. Erhaltungsfutter, welche den übrigen Kühen als eben so viele Pfund Produktionsfutter zuwachsen und im Ganzen eben so viel Pfund Milch mehr geben. In der nachfolgenden Tabelle stellen wir das Totalfutter sowie das Erhaltungs- und Produktionsfutter dar, welches auf eine Kuh entfällt, wenn bei täglich verabreichten 400 Pfd. Heuwerth als Futter von 30 Kühen nach und nach immer 2 Stück verkauft werden, bis nur noch 10 Stück übrig bleiben.

Anzahl der Kühe	Totalfutter für eine Kuh	Erhaltungsfutter für eine Kuh	Produktionsfutter für eine Kuh
30	$13\tfrac{1}{3}$	10	$3\tfrac{1}{3}$
28	$14\tfrac{2}{7}$	10	$4\tfrac{2}{7}$
26	$15\tfrac{5}{13}$	10	$5\tfrac{5}{13}$
24	$16\tfrac{2}{3}$	10	$6\tfrac{2}{3}$
22	$18\tfrac{2}{10}$	10	$8\tfrac{2}{10}$
20	20	10	10
18	$22\tfrac{2}{9}$	10	$12\tfrac{2}{9}$
16	25	10	15
14	$28\tfrac{4}{7}$	10	$18\tfrac{4}{7}$
12	$33\tfrac{1}{3}$	10	$23\tfrac{1}{3}$
10	40	10	30

Daß es Kühe genug gibt, welche nicht mehr Totalfutter wie oben bei einem Stande von 30 Kühen mit täglich 400 Pfd. Heuwerth als Futter bekommen, ist leider nur zu häufig der Fall. Die Kuh erhält da nur $13\tfrac{1}{3}$ Pfd. Heuwerth; wird davon abgezogen das Erhaltungsfutter mit 10 Pfd., so bleiben als Produktionsfutter nur noch $3\tfrac{1}{3}$ Pfd. übrig, wo die Kuh dann freilich nicht viel Milch geben kann, und gibt sie etwas mehr, dann muß sie es ihrem eigenen Leibe abreißen.

Bei einem Stande von 10 Kühen mit demselben täglichen

Futterquantum von 400 Pfd. Heuwerth kommen auf eine Kuh 40 Pfd. Heuwerth. Zieht man davon 10 Pfd. Erhaltungsfutter ab, so bleiben noch 30 Pfd. Produktionsfutter, wovon die Kuh nicht nur eine beträchtliche Menge Milch geben, sondern auch noch an Fleisch zunehmen kann.

Wenn eine Kuh von obigem Schlage auch nicht gerade 40 Pfd. Totalfutter täglich verzehren kann, so ist es doch sicher, daß sie, wie wir schon oben nachgewiesen haben, weit mehr als 20 Pfd. Totalfutter zu genießen im Stande ist, obgleich es Kühe genug gibt, welche auch bis 40 Pfd. Heuwerth täglich zu sich nehmen können, nicht nur ohne Schaden zu leiden, sondern sogar zu ihrem und des Viehzüchters Vortheil.

Jeder wird nun einsehen, daß man bei stärkerer Fütterung und weniger Vieh weiter komme, als bei geringerer Fütterung und mehr Vieh. Wäre die Viehzucht ein nothwendiges Uebel, so könnte man diesem Uebel nur dadurch Abbruch thun, daß man mehr und besser füttert, und damit man dieses bei Futtermangel könne, daß man den Viehstand verringere. Man wendet aber aus einer sehr irrigen Ansicht das gerade Gegentheil an, hält zu viel Vieh und füttert wenig und schlecht und macht somit das Uebel nur noch größer.

Ueberall, wo man viel Milch von den Kühen erhält, wo diese sich sehr wohl befinden und starke Kälber werfen, wodurch wieder eine gute Nachzucht bedingt wird, füttert man auch sehr stark, und diese Fütterung geht so weit, daß man stärkeren Kühen oft bis 40 Pfd. Totalfutter täglich reicht.

Wir haben über diesen Gegenstand etwas ausführlicher gesprochen, und man könnte uns vorwerfen, daß wir es in der Veranschaulichung übertrieben haben; allein wir fühlten uns dazu gedrungen durch die vielen traurigen Erfahrungen, die wir gemacht haben. Vielleicht gibt es nirgends verstocktere und verfessenere Irrgläubige, als in der Viehzucht. Diese zu bekehren wollten wir jedes Mittel anwenden, weswegen wir dieses Kapitel noch nicht schließen können, ohne noch anderweitige Vortheile bei einer bessern Fütterung und bei einem geringern Viehstande beizufügen.

Weniger Vieh verlangt auch eine geringere Bedienung; man erspart also an Zeit und Arbeitskraft. Bei wenigerem Vieh hat man auch weniger Unglücksfälle zu befürchten, besonders wenn es besser gepflegt wird; und dieses kann auch geschehen, besonders was die Reinlichkeit desselben betrifft, welche einen so großen Einfluß auf das Gedeihen hat. Zuvörderst kann wenigerem Vieh mehr Streu gegeben werden. Etwas Anderes ist es, wenn dasselbe Quantum Streu unter 30 und unter 18 Kühe vertheilt wird; und wenn das Putzen nach der Fütterung und nach dem Tränken eine Hauptsache ist, so liegt es am Tage, daß diese wichtige Pflicht gegen unsere Hausthiere besser erfüllt werden kann, wenn deren weniger sind.

Man darf nicht besorgen, daß bei einem Viehstande von wenigeren Stücken auch weniger Dünger erzeugt werde, welcher von vielen Landwirthen als die Hauptsache angesehen wird. Bekommen die wenigeren Thiere nur dasselbe Futter in Hinsicht der Quantität wie der Qualität, so kann und muß dasselbe Quantum von Dünger erzeugt werden.

Es zeugt überhaupt von noch geringer landwirthschaftlicher Bildung, wenn man das Vieh zu einer bloßen Düngererzeugungsmaschine und den Stall zu einer Düngerfabrik herabwürdigt. Die Viehzucht hat noch andere und höhere Zwecke, um deren willen sie kultivirt wird. Und wenn man auch die Kuh nur als eine Düngererzeugungsmaschine ansieht, so wird man doch zugestehen müssen, daß eine gute Maschine mehr arbeitet und leistet, als eine schlechte; und soll die Kuh eine gute Düngererzeugungsmaschine werden, so muß sie auch beffer gefüttert werden. Es gilt also auch hier die Behauptung in ihrer vollen Wahrheit, daß wenige, aber gute Maschinen eben so viel, vielleicht noch Mehres und Besseres leisten, als noch einmal so viele, aber schlechte Maschinen.

Wir sind vielmehr der Ueberzeugung, daß bei einer Kuh Milch und Kalb die Hauptsache sind, nicht nur deßwegen, weil sie noch mehr Gewinnst geben, als wir in dem Dünger erhalten, sondern weil Milch und Kalbfleisch auch zur unmittelbaren Nahrung des Menschen dienen.

Wer bergab gehen, d. h. in der Viehzucht schnell rückwärts gehen und einen empfindlichen Schaden leiden will, der stelle nur viel Vieh ein und füttere wenig; er ist dann auf dem gerabesten und kürzesten Wege dahin. So gut und wohlthätig die Fasttage für fast alle Menschen zu gewissen Zeiten sind, weil sie nämlich oft zu viel essen, so schädlich sind sie beim Thiere angebracht, welches schwerlich den guten Willen zu den Fasttagen bringen dürfte. Der Zweck des Thieres für den Landwirth ist Produktion, und das Mittel dazu ist angemessene Nahrung, und das Thier producirt nur in dem Maße, als es Nahrung empfängt.

Wer aber in der Viehzucht Fortschritte machen will, der muß auf eine gute, ja ausgezeichnete Fütterung bei seinen Thieren sehen. Wir sagen sicher nicht zu viel, wenn wir behaupten: das Thier werde aus der Nahrung, es wachse durch dieselbe empor und gestalte sich aus derselben. Mit Futter kann man, wenn auch nicht Alles, doch sehr viel zuwege bringen; ohne hinreichendes Futter sollte man lieber gar kein Vieh halten, weil man mehr verdirbt, als nützt, mehr Schaden als Vortheil hat.

Endlich muß man doch auch die Freude an schönen und des Lebens frohen Thieren bei guter Fütterung in Anschlag bringen. Diese Freude kostet eigentlich gar nichts, da sich die bessere Fütterung durch reichere Produktion auszahlt;

und man darf ihr nicht den Vorwurf machen, daß sie eine ganz sinnliche sei, wenn sich das Bewußtsein dazu gesellt, daß man durch bessere Fütterung nur eine Pflicht gegen die Thiere selbst erfüllt habe.

36. Auf welche Weise man sich Kenntnisse in Hinsicht des Gewichtes der Thiere verschaffen kann?

Um eine zweckmäßige Futterpassirung anordnen zu können, dazu gehört nebst der Kenntniß der Futteräquivalente auch eine Bekanntschaft mit dem Gewicht der Thiere. Nicht Alle sind im Besitze einer zum Abwägen der Thiere eingerichteten Wage; daher muß man sich mit einer ungefähren Schätzung behelfen; diese zu erlernen ist aber nicht so leicht; es gehört viele Uebung und Erfahrung dazu. Man sollte sich alle Mühe geben, um es in dieser Kunst zu einiger Sicherheit zu bringen, da man die ungefähre Schätzung des Gewichtes nicht nur bei Bestimmung der Futterportion, sondern auch beim Verkauf und Ankauf der Thiere, bei der Mastung derselben u. s. w. nothwendig hat.

Man hat beim Thiere ein zweifaches Gewicht zu unterscheiden, nämlich das lebende Gewicht und das Fleischergewicht.

Das lebende Gewicht ist jenes, welches das Thier, im lebenden Zustande auf die Wage gestellt, hat, wo also alle seine Theile ins Gewicht fallen. Das Fleischer-, auch das Metzgergewicht ist aber nur das Gewicht des verkäuflichen Fleisches, wozu auch das Fett, Inselt gehört, nach Abzug des Gewichtes der Haut, des Kopfes, der Füße, der Eingeweide u. s. w.

Das lebende Gewicht erfährt man freilich am sichersten durch Anwendung der Wage. Aus dem lebenden Gewichte läßt sich aber ziemlich annähernd das Fleischergewicht berechnen. Das Fleischergewicht verhält sich zum lebenden Gewicht bei jeder Thiergattung anders. Wir haben es hier aber nur mit Kühen und Kälbern zu thun.

Für Rindvieh, welches sich in normalem Zustande befindet, d. h. nicht gemästet, aber auch nicht ganz mager ist, hat man eine Formel aufgefunden, um aus dessen lebendem Gewichte das Fleischergewicht zu berechnen, und zwar auf folgende Weise: Man theilt die Summe des lebenden Gewichtes durch 2, setzt $4/7$ des ganzen Gewichtes hinzu, und dividirt die erhaltene Summe wieder mit 2. Die sich ergebende Summe ist das Fleischergewicht.

Das Lebensgewicht einer Kuh sei z. B. 700 Pfd., diese durch 2 getheilt, geben 350; hiezu $4/7$ Theil von 700 addirt, macht 750. Die Hälfte davon, nämlich 375 Pfd. ist das Fleischergewicht.

Weiß ich dagegen das Fleischergewicht, so kann ich aus demselben auf umgekehrtem Wege das lebende Gewicht berechnen, und zwar auf folgende Weise: Das Fleischergewicht wäre wie oben 375 Pfd. Dieses multiplizire man mit 2, so erhält man 750. Davon ziehe man $8/15$ derselben Zahl, d. i. 400 ab, so bleiben 350. Diese mit 2 multiplizirt geben 700 Pfd., welche das lebende Gewicht ausmachen.

Um sich in der Schätzung und Berechnung des lebenden und Fleischergewichts mehr einzuüben, merke man sich wohl, was ein Fleischer für eine Kuh oder ein Kalb nach langem und ernstlichem Handeln zahlen will. Der Fleischer versteht die Schätzung des Fleischergewichtes so ziemlich und zahlt nur nach diesem Gewichte. Dieses letztere kann ich berechnen aus dem Kaufpreis der Kuh oder des Kalbes und aus dem bestehenden Fleischpreise. Wir wollen dieses durch ein Beispiel anschaulich machen.

Ein Fleischer kauft eine Kuh um 80 fl. C.-M. Wenn das Pfd. Rindfleisch 10 Kreuzer kostet, so hat die Kuh nach der Schätzung des Fleischers ein Fleischergewicht von 480 Pfd. Aus diesem Gewichte kann ich nun leicht das lebende Gewicht nach obiger Weise berechnen. Ich multiplizire nämlich 480 mit 2, so erhalte ich 960, davon ziehe ich $8/15$ dieser Zahl, also 512 ab, es bleiben noch 448. Diese Zahl nehme ich 2 Mal und habe das lebende Gewicht von 896 Pfd.

Man nimmt annäherungsweise an, daß das Lebensgewicht zum Fleischergewicht sich verhalte

    wie 100 zu 50—53 bei magerem   Rindvieh,

  „   100 zu 53—55 bei halbfettem   „

  „   100 zu 58—65 bei fettgemästetem   „

Obiges Beispiel von einer Kuh mit 480 Pfd. Fleischergewicht konnte ich daher auch folgendermaßen berechnen, um das lebende Gewicht derselben zu finden. Ich sage: 53 Pfd. Fleischergewicht geben 100 Pfd. lebendes Gewicht, wie viel lebend Gewicht geben 480 Pfund Fleischergewicht? Jeder 10- bis 12jährige Schulknabe wird diese Aufgabe lösen und die Zahl 905 als lebendes Gewicht herausbringen.

Bei Kälbern nimmt man an, und wir haben es durch eigene Versuche erprobt gefunden, daß sich das lebende Gewicht zum Fleischergewicht verhalte wie 10 : 6, oder was so viel sagen will als: so viele 10 Pfd. lebend Gewicht ein Kalb hat, so viele 6 Pfd. hat es Fleischergewicht. Hat ein Kalb 95 Pfund lebend Gewicht, so sind dieses $9\frac{1}{2}$ Mal 10 Pfund lebend und $9\frac{1}{2}$ Mal 6 also 57 Pfd. Fleischergewicht. Oder weiß ich das Fleischergewicht, so kann ich sehr leicht das lebende Gewicht daraus berechnen, indem ich sage: so viele Mal 6 Pfund das Kalb Fleischergewicht hat, so viele Mal 10 Pfund hat es lebend Gewicht.

Mir ist z. B. bekannt, was der Fleischer für das eben als Beispiel gebrauchte Kalb als höchsten Preis zahlen will.

Dieser sei 8 fl. 30 Kr. C.=M. Daraus kann ich das Fleischergewicht und aus diesem das ebende Gewicht berechnen, wenn ich den Preis des Kalbfleisches zu Hilfe nehme. Wenn das Pfund Kalbfleisch 9 Kr. C.=M. kostet, so hat der Fleischer das Fleischgewicht des Kalbes auf 57 Pfund geschätzt. Da 6 Pfund Fleischergewicht 10 Pfund lebend Gewicht geben, so werden 57 Fleischergewicht 95 Pfund lebend Gewicht ausmachen.

Um das lebende Gewicht der Kälber genau zu erfahren, sollte man in jedem Hause eine Wage haben. Es ist nämlich sehr interessant, das Gewicht der Kälber gleich nach der Geburt und dann etwa von 7 zu 7 Tagen kennen zu lernen. Erstens kann man in der Regel aus dem Gewichte des Kalbes auf das lebende Gewicht der Mutter schließen, weil das Kalb bei der Geburt gewöhnlich den 10. Theil von dem Gewichte seiner Mutter hat. Zweitens ist es bei Absatzkälbern wichtig zu wissen, wie sie von Woche zu Woche zunehmen. Ein Kalb, welches nicht verhältnißmäßig zunimmt, sollte man gar nicht absetzen, eben so wenig ein Kalb, das bei seiner Geburt nicht den 10. Theil seiner Mutter schwer ist. Nach den Erfahrungen, welche wir gemacht haben, stellte sich heraus, daß ein Kalb, welches 10 Pfund schwer ist, die erste Woche um 10 Pfd., die 2. Woche um 9 Pfd., die 3. Woche um 8 Pfd., die 4. Woche um 7 Pfd., die 5. Woche um 6 Pfd., die 6. Woche um 5 Pfund zunehme. Endlich ist es auch bei Kälbern, die an den Fleischer verkauft werden, nothwendig zu wissen, wie schwer sie sind, um daraus das Fleischergewicht und den Preis berechnen zu können.

Eine Wage zum Abwiegen der Kälber ist ziemlich wohlfeil und das Abwiegen selbst ohne alle Schwierigkeit.

Man wählt zum Abwägen eine sogenannte Schnellwage, welche auch römische Wage genannt wird. Diese Wage besteht aus einem sehr kurzen und aus einem längeren Arm.

Am Ende des kurzen Armes wird die zu wägende Last entweder mittelst eines Hakens oder einer Wagschale angebracht, auf dem längeren Arme sind die Pfunde in Zahlen verzeichnet, und ein daran hängendes Gewicht wird so lange hin- und hergeschoben, bis es mit der am kürzeren Arme hängenden Last im Gleichgewichte ist. Wo nun das Gewicht mit dem Haken ruht, lese man die verzeichnete Zahl, und man hat das Gewicht des abzuwägenden Körpers gefunden.

Zur größeren Bequemlichkeit kann man diese Wage im Stalle oder nicht weit davon anbringen. Sie läßt sich überall aufhängen, wenn sie an der Gabel oben einen Haken oder Ring hat.

Man kann zur Aufstellung und zum Gebrauche der Wage auch ein tragbares, ganz einfaches Gestell, auf verschiedene Weise gestaltet, mit 2, 3 oder 4 Füßen, welche oben verbunden sind, sich anfertigen. An der obern Verbindung hängt man die Wage auf.

Das Abwägen geht ohne Gefahr und Plage für das Kalb auf folgende Weise sehr bequem von Statten. Man nimmt ein grobes Tuch, dessen 4 Zipfel Schleifen haben. 2 Schleifen werden immer mit einem Stricke vereinigt, zum Aufhängen am Haken des kürzeren Armes der Wage. Das Kalb wird mit dem Rücken in das Tuch gelegt, die Zipfel zusammengezogen und an den Wagbalken gehängt. Selten rührt sich das Kalb.

Man kann das Kalb auch stehen lassen und unter dessen Bauch ein Tuch oder 2 Gurten, Stricke u. s. w. geben. Man senkt den kürzern Wagebalken etwas herab gegen das Kalb, indem man den längeren Balken in die Höhe hebt, und faßt so mit dem Haken die Stricke, Gurten oder das Tuch, zieht nun den längeren Arm herab und hängt das Gewicht daran, indem, wie oben erwähnt wurde, damit manipulirt wird.

Mit einer solchen Wage kann man bequem Getreide, Vieh, Bienenstöcke u. s. w. abwägen.

Eine Methode, das lebende sowohl als das Fleischergewicht des Schlachtviehes, also auch der gut genährten Kühe zu erfahren, ist besonders in neuerer Zeit häufig in Anwendung gekommen. Sie besteht in der Messung der Länge des Umfanges des Viehes.

Man mißt nämlich mit einem festen gefirnißten, nicht dehnbaren Bande oder Riemen, welcher in Zolle eingetheilt ist, die horizontale Länge des Thieres vom Widerrist bis zum Endpunkte des Hinterbackens in gerader Linie über das Kreuz und hierauf den Umfang des Leibes hinter und neben den Schulterblättern. Aus den gefundenen beiden Zahlen findet man dann mit Hilfe eines Berechnungsschlüssels die Pfundzahl des Fleischer- so wie des lebenden Gewichts. Wenn z. B. die gefundene Länge 45 und der Umfang 68 Zoll betrug, so hat das gemessene Thier 311 Pfund Fleischergewicht.

Man hat Tabellen verfertigt, in welchen man die gefundene Länge und den Umfang nur aufzusuchen braucht; die danebenstehende Zahl gibt die Pfunde des lebenden oder Fleischergewichtes an.

Verbesserung.

S. 101. Z. 8. v. o. l. Campine st. Campnie.

Druck von J. S. Wassermann in Leipzig.

Landwirthschaftliche Bibliothek.

Eine Reihe kleiner, verständlich geschriebener, leicht faßlicher Schriften über die wichtigsten Zweige der Landwirthschaft. Jede Schrift wird als ein abgeschlossenes und selbstständiges Ganzes auch einzeln abgegeben, so daß Niemand gehalten ist, die ganze Reihe der Bibliothek wohlfeiler landwirthschaftlicher Schriften zu kaufen.

Preis à Band ½ Thlr. = 54 Kr. rhein.

Der 1. Band enthält:

Die Kartoffel.

Ihre Geschichte; ihr Anbau; ihre Ernte; ihre Aufbewahrung; ihre Krankheiten; ihre Ersatzmittel; ihre land- und hauswirthschaftliche Benutzung; ihre Bedeutung in land- und staatswirthschaftlicher Hinsicht. Von **Dr. William Löbe**, Redacteur der Illustrirten landwirthschaftlichen Dorfzeitung. Eine in der ersten Auflage von der Märkisch-ökonomischen Gesellschaft gekrönte Preisschrift. Zweite gänzlich umgearbeitete Auflage. 12 Bogen.

Preis 15 Sgr. = 54 Kr. rhein.

Der 2. Band enthält:

Das Unkraut.

Praktische Anleitung zur gänzlichen Vertilgung der Aecker- und Wiesen-Unkräuter, mit Angabe und Abbildungen der zu ihrer Vertilgung erforderlichen Werkzeuge nebst Beschreibung der am häufigsten vorkommenden der Cultur hinderlichen Pflanzen. Von Emil Kirchhof. Zweite Auflage mit 12 Holzschnitten. 18 Bogen.

Preis 15 Sgr. = 54 Kr. rhein.

Der 3. Band enthält:

Der Boden.

Umschau in der Hauptwerkstätte des Landwirths. Von W. Protz. 10 Bogen. Preis 15 Sgr. = 54 Kr. rhein.

Inhalt: I) Die Luft. — II) Das Wasser. — III) Der Boden in seiner Beziehung zum Pflanzenbau. — IV) Untersuchung des Bodens auf seinen Humusgehalt. — V) Physikalische Eigenschaften des Bodens. — VI) Chemische Eigenschaften des Bodens. — VII) Aschenbestandtheile. — VIII) Dammerde, — Humus. — IX) Bodenverhältnisse. — X) Eintheilung des Bodens nach Classen. — XI) Urbarmachung wüstliegender Grundstücke. — XII) Entwässerung des Bodens durch das Drainiren. XIII) Bewässerung des Bodens und Wiesenverhältnisse.

Der 4. Band enthält:

Der Maisbau.

Nach den neuesten Erfahrungen dargestellt von **Emil Kirchhof**. Mit 18 in den Text gedruckten Abbildungen. 11 Bogen. Preis 15 Sgr. = 54 Kr. rhein.

Der 5. Band enthält:

Das Castriren der Kühe.

Nach der französischen dem k. landwirthschaftlichen Centralverein überreichten Schrift des **Pierre Charlier**, Thierarzt in Rheims, Mitglied der k. Akademie und mehrerer landwirthschaftlicher Vereine. Nebst einem die Milchwirthschaft und die Fabrikation feiner Käse betreffenden Anhange. Mit in den Text gedruckten Abbildungen. Preis 15 Sgr. = 54 Kr. rhein.

Der 6. Band enthält:

Das Drainiren.

Von W. Protz. Mit in den Text eingedruckten Abbildungen. Preis 15 Sgr. = 54 Kr. rhein.

Inhalt: I) Einleitung. — II) Nutzen des Drainirens im Allgemeinen. — III) Wirkungen des Drainirens auf die Land- und Volkswirthschaft. — IV) Drainirungseinrichtungen. — V) Tiefe der Drainzüge und ihre Entfernung von einander. — VI) Drainröhren. — VII) Praktische Ausführung der Drainirungsarbeiten. — VIII) Drainirungskosten. IX) Drainirungsverhältnisse in Deutschland. — X) Holländisches Drainiren. — XI) Drainirungssystem des Lord Berners in Keythorpe (England). XII) Regierungsmaßregeln in Betreff auf Drainanlagen.

Der 7. Band enthält:

Züchtung edler Hühnerracen.

Von **Charles Jacque**, Mitglied des Acclimatisirungsvereins und der Prüfungscommission. Aus dem Französischen. Mit vielen in den Text gedruckten Abbildungen.
Preis 15 Sgr. = 54 Kr. rhein.

Der 8. Band enthält:

Verbesserung der Wiesen durch Bewässerung.

Oder praktische Anleitung, den Wiesen den höchsten Ertrag abzugewinnen, nebst einer kurzen Anweisung über das Drainiren mit Berücksichtigung der Verhältnisse kleiner Landwirthe denselben gewidmet von G. C. Patzig. Dritte verbesserte und vermehrte Auflage. Mit 44 Abbildungen.
Preis 15 Sgr. = 54 Kr. rhein.

Der 9. Band enthält:

Der Kleebau.

Anleitung zu einem vernunftgemäßen Betriebe desselben. Von **Dr. William Löbe**, Redacteur der Illustrirten Landwirthschaftlichen Dorfzeitung. Vierte vermehrte Auflage. Mit 16 Abbildungen.
Preis 15 Sgr. = 54 Kr. rhein.

Die unterzeichnete Buchhandlung hofft, daß bei der sorgsamen Auswahl und Gediegenheit der Schriften, welche in die „**Landwirthschaftliche Bibliothek**" aufgenommen werden, und bei dem sehr billigen Preise derselben das Unternehmen von Seiten der Herren Landwirthe den verdienten lebhaften Beifall finden wird. Bei Partiebezügen treten bedeutend ermäßigte Preise ein. Sämmtliche Bücher sind durch alle Buchhandlungen zu beziehen.

Reichenbach'sche Buchhandlung in Leipzig.

In der **Reichenbach'schen** Buchhandlung in **Leipzig** sind in neuen Auflagen erschienen:

G. E. Patzig's Schriften.

Der praktische Oekonomie-Verwalter
nach den Anforderungen der jetzigen Zeit.

Zugleich ein zweckmäßig belehrendes Handbuch für alle Landwirthe, Gutsbesitzer, Pächter, Wirthschaftsführer und landwirthschaftliche Lehranstalten.
5. vermehrte und verbesserte Auflage.
Preis 1 3/4 Thlr. = 3 Fl. 15 Kr. rhein.

Der praktische Rieselwirth.

Anleitung durch Bewässerung natürliche Wiesen in ihrem Ertrage zu erhöhen und unfruchtbare Ländereien in fruchtbare Wiesen umzuschaffen. Mit 85 Abbildungen.
4. verbesserte Auflage.
Preis 1 1/3 Thlr. 2 Fl. 24 Kr. rhein.

Katechismus der Landwirthschaft.

Ein praktisches Hand- und Hülfsbuch für den kleineren Landwirth zur vernunftgemäßen und gewinnbringendsten Führung seiner Wirthschaft. Nebst einem Anhange: Ueber Obstbaum- und Bienenzucht.
2. vermehrte Auflage.
Preis 12 Sgr. = 42 Kr. rhein.

Zur Notiz.

Die in dieser Schrift besprochenen, sowie alle andern landwirthschaftlichen Maschinen und Geräthe werden vorzüglich solid und vom besten Material angefertigt und geliefert von der Fabrik landwirthschaftlicher Maschinen von **J. Pintus & Comp.** in **Berlin** und **Brandenburg a/H.**